Mes racines sont dans le ciel

Pierre Ceyrac

Mes racines sont dans le ciel

Préface Jacques Chirac

ÉDITIONS FRANCE LOISIRS

Édition du Club France Loisirs,
avec l'autorisation des Presses de la Renaissance

Éditions France Loisirs,
123, boulevard de Grenelle, Paris
www.franceloisirs.com

ISBN : 2-7441-8477-2

Préface

Père Ceyrac,

Vous êtes de la trempe de ces femmes et de ces hommes qui opposent à la misère la force de la charité et de l'amour. Comment ne pas évoquer, en vous voyant, les figures, je vous l'ai déjà dit, de saint Vincent de Paul ou de Mère Teresa, si chères aux Français ?

En Inde, on dit de vous que vous êtes une légende. Je l'ai bien souvent entendu dire. Et si l'on vous questionne sur votre vie, pour approcher d'un peu plus près la légende, alors vous vous dérobez avec l'humilité de l'homme de foi. C'est l'Inde qui vous a – je crois que l'on peut le dire –

tout appris, et vous le dites, et vous parlez alors de ce pays et de ses pauvres, du Mahatma Gandhi, que vous avez personnellement bien connu et dont l'œuvre et la vie vous inspirèrent tant.

Dès votre arrivée à Madras, en 1937, vous choisissez d'être pour les autres. D'être, votre vie durant, un père pour ces dizaines de milliers d'orphelins indiens à qui votre association offre nourriture et éducation. Et de l'amour avant toute chose. Car l'expérience de se savoir aimé est, selon vos propres mots, primordiale. En aimant les enfants et en travaillant avec eux, vous dites recevoir autant que vous donnez. Comment mieux leur permettre de reconnaître leur dignité ?

L'éducation que vos centres dispensent les émancipe de la mendicité et de l'assistance. Car ce que vous voulez, c'est en faire des hommes libres. L'homme, artisan de sa propre liberté : voilà le principe qui guide votre vie, la boussole de votre long voyage dans le sous-continent indien.

En 1967, alors qu'une terrible famine sévit dans le Bihar, vous décidez d'agir. Le Mouvement national étudiant indien, dont vous avez alors la charge, lance les chantiers pour bâtir la ferme de Manamadurai. Aujourd'hui, cette ferme utilise toutes les innovations techniques et scientifiques et permet aux plus démunis de faire vivre leurs familles. Cette réalisation agricole a une valeur de symbole. Au lieu d'une terre fertile que tout le monde aurait pu aisément exploiter, vous choisissez un sol rude et ingrat : terrain qui, cultivé à force de travail, devient arable et tient toutes ses promesses.

Puis ce fut la rencontre d'un jeune Indien, Kalei, venu un soir vous demander de l'aide. Il avait adopté trente-huit orphelins mais n'avait pas assez d'argent pour les nourrir. Vous les accueillez. Aujourd'hui, ils sont trente et un mille, garçons et filles, privés de parents ou nés dans des familles trop pauvres pour les élever. Votre association Anbukarangal, *« Les mains de l'amour » en tamoul, je crois, leur donne un foyer, les nourrit et les éduque. Vous recueillez la jeunesse intouchable, partout ailleurs rejetée, vous accueillez trois cents enfants dont les parents ont été condamnés à la prison à vie. À tous, vous voulez rendre la dignité et vous réussissez.*

Vous luttez pour les droits de l'Homme, pour le droit d'être un homme. Ce droit, vous le reconnaissez à chacun, sans discrimination de caste, de couleur, de religion ou de langue, avec une empathie profonde pour la culture indienne, approchée dès l'université, à Toulouse, quand vous appreniez le sanskrit, pour lire dans le texte les Upanishads. *Vous abordez l'Inde, non comme un immense problème, mais comme un mystère d'une immense beauté. C'est le secret de l'empathie.*

Votre action, engagée il y a plus de soixante ans, se poursuit. Routes, puits, hôpitaux, orphelinats, fermes, centres de rééducation pour enfants malades, votre œuvre est immense et ne cesse de grandir.

Père Ceyrac, vous êtes un homme qui vainc la misère. Un homme qui se bat chaque jour, de toute la force de sa foi et de son amour, contre les fatalités qui frappent et injurient la condition humaine. Vous êtes un homme qui permet l'avenir, conscient comme Camus que « si l'homme échoue à concilier la justice et la liberté, alors il échoue à tout ».

Jacques CHIRAC

Avant-propos

Lors d'un prestigieux récital de piano à Paris, il y a un an ou deux, on me demanda quels étaient les mots que je préférais dans la langue française. Sans trop réfléchir, je répondis : la « joie », la « lumière », la « beauté » et l'« amour ». En fait, je crois que ce n'est pas un trop mauvais choix. Car ce sont les choses (« le *stuff* ») dont nos vies sont faites ou du moins ce vers quoi elles tendent.

J'aimerais que ce petit livre soit un hymne à la joie, un appel à la lumière, un cri vers la beauté et l'amour.

La beauté et l'amour ! J'en ai déjà

tellement parlé que je n'ose pas en parler encore, excepté pour rappeler cette spirale extraordinaire qui fait déjà le bonheur de nos vies et fera le bonheur infini de nos éternités : plus on aime quelqu'un et plus on découvre sa beauté ; et plus on voit sa beauté, plus on l'aime. Spirale que j'ai rappelée à chaque jeune couple dont j'ai la joie de bénir le mariage – spirale qui nous fera découvrir toujours davantage, dans un Face-à-Face éternel, la beauté de Dieu, et monter toujours plus haut dans son amour.

Pour ce qui est de la joie et de la lumière, je serais heureux si les lignes qui suivent pouvaient en apporter beaucoup à ceux et celles qui les liront !

Introduction

Nos racines sont en haut

En 1976, paraissait aux États-Unis un gros livre qui devint vite un best-seller : *Roots* (« Les racines »), par Alex Haley.

Quelles sont nos racines ? Quelle est notre origine ? D'où venons-nous ? Une question que l'on se pose de plus en plus, et qui reçoit des réponses fort différentes selon les cultures. L'Inde a sa réponse aussi, assez générale sans doute, mais qui n'est pas sans profondeur et qui est assez proche de la réponse chrétienne. « Nos racines sont en haut. » Je ne viens pas d'en bas, mais je viens d'en haut, comme les racines de ce grand arbre que l'on voit souvent le long des routes de l'Inde, le *banian tree* – ou tout simplement le banian. Arbre étonnant de *dimension* (parfois de petits temples trouvent place entre ses racines), de *longévité* (comme les banians du Centre international de théosophie, à Madras, parmi lesquels certains ont, paraît-il, entre quatre cents et cinq cents ans), et enfin arbre étonnant dans sa *morphologie* : on ne le plante pas, il se plante lui-même, en laissant tomber ses racines d'en haut, comme de grandes lianes qui, si on ne les coupe pas, descendent jusqu'au sol, y prennent racine pour produire un nouvel arbre ; un seul arbre peut ainsi devenir une forêt.

Comme les banians, nos racines sont en haut, viennent d'en haut.

Une idée semblable se trouve dans la forme même du continent indien. Je me rappelle l'enthousiasme du professeur de philologie de l'université de Toulouse, où je terminais une licence ès lettres, dans les années 1936-1937, juste avant mon départ pour Madras. Il nous enseignait les langues indo-européennes et leurs rapports réciproques, et c'est avec lui et grâce à lui que je découvris pour la première fois le sanskrit et sa splendeur. Il n'était jamais allé en Inde. Il n'y avait alors pas d'avion pour ce long parcours. Mais il avait une admiration extraordinaire et contagieuse pour ce « sous-continent » qui, disait-il, a ses racines dans la demeure des dieux (les Himalayas) et s'enfonce dans la mer (qui représente le chaos et l'obscurité, le « maya cosmologique ») comme les mains jointes pour la prière. Magnifique image qui nous rappelle combien fortement il nous faut être enracinés *en haut* pour pouvoir sans danger descendre très profond, *en bas*.

Banian trees, configuration géologique de l'Inde : de belles images sans doute, mais beaucoup plus que des images, des symboles, des parties intégrantes de ce grand « message » de l'Inde qui nous rappelle que nous portons tous dans notre caverne intérieure *(guha)* une étincelle qui nous vient d'en haut, cette petite voix intérieure qui nous guide, *antar-yamin*, et dont parlait le Mahatma Gandhi.

1

Le prix d'un miracle

J'ai la joie de m'occuper d'enfants, de beaucoup d'enfants : orphelins, enfants abandonnés, enfants des rues, ou simplement enfants très pauvres.

Ils ont deux choses en commun : ils sont tous très pauvres et ils ont tous besoin d'être aimés.

C'est donc par une histoire d'enfant que j'aime commencer ce petit livre, histoire que j'ai entendue de la bouche du Dr Arim Premji, lors d'un discours qu'il délivrait aux étudiants IIT de Madras.

C'est l'histoire vraie d'une fillette de huit ans, qui a beaucoup aimé et qui a cru que l'amour pouvait faire des merveilles.

Son petit frère, qu'elle adorait, se mourait d'une tumeur au cerveau. Et ses parents, qui n'étaient pas riches, avaient tout fait pour le sauver. Toutes leurs petites économies y étaient passées, et ils avaient dû changer de maison pour payer les factures d'hôpitaux ; rentrant un jour, épuisé, de ces tournées qui se terminaient toujours par un échec, le papa s'affala sur une chaise et dit à sa femme qui avait les larmes aux yeux : « Tu sais, chérie, je crois que c'est fini. Nous avons tout fait et nous sommes ruinés… Il y aurait peut-être une opération très chère qui pourrait le sauver. Mais c'est hors de prix et personne n'est prêt à nous avancer de l'argent… »

Et se rapprochant de sa femme, il ajouta, d'une voix qui commençait à s'enrouer : « Oui, c'est fini, tu sais. Seul un miracle pourrait le sauver. »

La petite fille, dans un coin de la pièce,

suivait avec intensité cette conversation entre papa et maman. Elle ne saisissait pas tout car ils parlaient parfois à voix basse, mais elle savait que c'était la vie de son petit frère. « Seul un miracle pourrait le sauver. »

Elle grava ce mot qu'elle ne comprenait pas dans sa petite tête et s'esquiva de la pièce sans faire de bruit. Elle alla dans sa petite chambre, prit sa tirelire cachée dans un coin, vida les pièces sur son lit et les compta soigneusement : un dollar et onze cents. Elle referma la petite boîte, la mit dans sa poche, et quitta la maison sans faire de bruit. Elle se dirigea vers la pharmacie la plus proche. Lorsque son tour vint, elle s'approcha du comptoir, se hissa sur la pointe des pieds et devant le pharmacien étonné, elle aligna ses petites pièces sur le comptoir.

« Qu'est-ce que tout ça ? Qu'est-ce que tu veux, ma petite ?

— C’est pour mon petit frère, André, monsieur le pharmacien. Il est très, très malade et je viens acheter un miracle.

— Que racontes-tu ? dit le pharmacien.

— Il s’appelle André, et il a un gros bouton qui lui pousse dans la tête, et papa a dit à maman que c’était fini et qu’il fallait un miracle pour le sauver. Vous savez, je l’aime beaucoup ; c’est pour ça que je suis venue : pour acheter un miracle.

Le pharmacien répondit, avec un petit sourire attristé :

— Tu sais, ma petite, nous ne vendons pas de miracles ici…

— Mais vous savez, si ce n’est pas assez, je vais essayer de ramasser un peu plus d’argent, ça coûte combien un miracle ? »

Il y avait, dans la pharmacie, un monsieur grand et bien habillé, qui écoutait cette étrange conversation. Il se rapprocha de la petite, qui était en train de ramasser ses petites pièces, et avait les larmes aux yeux.

« Pourquoi pleures-tu, ma petite ? Qu'est-ce qui se passe ?

— Monsieur le pharmacien ne veut pas me vendre un miracle et me dire combien ça coûte… C'est pour mon petit frère André, qui est très malade. Maman a dit qu'il faudrait une opération, mais papa a dit qu'on ne pouvait pas payer ça (ça coûte trop cher) et qu'il faudrait un miracle pour le sauver. C'est pour ça que j'ai porté tout ce que j'avais.

— Combien as-tu ?

— Un dollar et onze cents… mais vous savez, elle murmura d'une voix à peine audible, je peux trouver un peu plus.

Le monsieur sourit :

— Bon, tu sais, je ne crois pas que ce soit nécessaire ; un dollar et onze cents, c'est exactement le prix d'un miracle pour ton petit frère ! »

Il prit la petite somme dans une main, et

dans son autre main, prit doucement la petite main de la fillette :

« Amène-moi chez toi, petite. Je voudrais voir ton petit frère et aussi papa et maman, et voir avec eux si je puis trouver le petit miracle dont vous avez besoin. »

Et la petite fille et le grand monsieur partirent doucement, main dans la main.

Le monsieur bien habillé n'était autre que le Dr Carlton Amstrong, le grand chirurgien de *neuro-surgery*. Il opéra l'enfant et André rentra à la maison quelques semaines plus tard complètement guéri.

« Cette opération, murmura la maman, est un vrai miracle. Je me demande combien cela aurait pu coûter… »

La petite fille sourit sans rien dire. Elle savait, elle, combien le miracle avait coûté… un dollar et onze cents… plus, bien sûr, l'amour et la foi d'une enfant.

Si l'espérance t'a fait marcher
plus loin que ta peur,
Tu auras les yeux levés.
Alors tu pourras tenir
jusqu'au soleil de Dieu.

Hymne de la *Liturgie des heures*,
Commun d'un martyr, matin

2

On s'arrangera

J'avais un vieil ami du beau nom de Kumar (« le fils »), un grand tuberculeux qui traînait depuis des années de sanatorium en sanatorium. Il venait souvent me voir pour une petite aide financière, trop souvent sans doute, car je le recevais parfois très mal et le traitais de mendiant *(beggar)*, une chose qu'il ne faut jamais faire avec les pauvres, car les pauvres, même s'ils mendient, ne sont pas des mendiants. C'est les injurier que de les appeler ainsi.

Je l'avais un peu perdu de vue lorsque je reçus un jour la visite d'un grand jeune homme d'une trentaine d'années, que je ne connaissais pas :

« Père, je m'appelle Amar Deep. C'est Kumar qui m'envoie. Il est très malade. Il voudrait vous voir avant de mourir pour que vous le bénissiez.

— Comment le connais-tu ? Où est-il ?

— Il est chez moi… »

Nous prîmes donc un de ces petits « trois roues » motorisés qu'on appelle « auto-rickshaw », si nombreux à Madras et si pratiques pour traverser cette grande ville de plus de dix millions d'habitants qui ne cesse de grandir à une allure démesurée, et nous nous dirigeâmes vers l'un des pauvres quartiers du Nord-Ouest où vivaient Amar Deep et sa famille.

Tout au long de la route, il me raconta son histoire et comment Kumar avait abouti chez lui. La mère d'Amar Deep était, elle aussi, atteinte de la tuberculose, et était dans le même sanatorium que Kumar. Bien qu'étant dans des halls différents, ils s'étaient croisés plusieurs fois. Ils durent un jour quitter l'hôpital (ils furent *discharged* – priés de partir) pour faire de la place à ceux qui attendaient. Et se retrouvèrent ensemble dehors.

Kumar, qui avait remarqué la bonté qui émanait de cette femme de cinquante ans, s'approcha d'elle :

« Amma [“mère”, appellation qu'on donne à toute femme mariée], je ne sais où aller. Je n'ai pas de maison. Pourriez-vous me prendre chez vous ? »

Elle regarda cet homme, grand et décharné, et sa grande pauvreté, ses habits troués, et avec beaucoup de douceur :

« Oui, venez. Nous n'avons pas beaucoup de place chez nous, mais on s'arrangera. »

« On s'arrangera » : ce petit mot extraordinaire, si fréquent et si beau sur les lèvres des pauvres.

J'écoutais avec beaucoup d'intérêt ce que me disait Amar Deep, sur cette rencontre de sa mère et de Kumar au sanatorium, et lui demandai ce qu'il faisait, lui.

Il avait un petit poste « à tout faire », dans un hôtel sordide, dans une autre banlieue de Madras, à dix kilomètres de chez lui, où on l'exploitait d'une façon éhontée… Tout juste 2 000 roupies par mois (moins d'un euro par jour). Il arrivait tout juste à joindre les deux bouts : ces « deux bouts » pour les pauvres de chez nous, sont les deux échéances mensuelles, qu'ils redoutent : le loyer, qui varie de 400 à 1 000 roupies pour une petite chambre misérable, et l'achat du riz et d'autres condiments que l'on se procure en bloc pour le mois, dans l'une des coopératives du gouvernement et qu'on appelle la « ration », qui revient aussi à quelque 400 ou 500 roupies. Plus de la moitié du salaire d'Amar Deep y passait. Il ne lui restait pas grand-chose pour le reste : vêtements, transports, éducation, remèdes, etc.

Nous arrivons enfin à Otteri, le quartier pauvre où ils logeaient, et par des ruelles très étroites nous pénétrons chez eux : une pièce carrée d'environ six mètres sur six, au milieu de laquelle se trouve un de ces grands lits sur lesquels on s'assoit durant la journée et où l'on dort la nuit, fait d'une ossature de bambous et de cordes en guise de sommier. Le lit occupe une bonne partie de la pièce, et c'est là que se trouve, allongé de toute sa taille, mon ami Kumar. Il est d'une maigreur incroyable. On peut vraiment compter tous ses os. Ses grands yeux brillent tout au fond de ses orbites. Il peut à peine parler, car depuis quelques jours il a même de la peine à avaler quelques gouttes d'eau. Je place mes deux mains sur son front brûlant et le bénis. Je regarde un peu autour de moi et demande à Amar Deep :

« Et vous ? Où couchez-vous ?

— On s'arrange, Père, on met quelques nattes autour du lit. »

Je sentis presque un début d'irritation monter en moi.

« Te rends-tu compte, Amar Deep, du risque que vous courez ? Dans lequel tu mets ta famille ? Kumar vient de cracher du sang ; il est contagieux au dernier degré. Ce n'est pas sérieux, tu mets toute ta famille en danger. »

Amar Deep me regarde, avec de grands yeux pleins de douceur :

« Père, j'ai envoyé ma femme et mon enfant chez mon frère. Mais lui, dit-il en regardant Kumar, il fallait bien le prendre. Il n'avait pas de maison. »

Et c'est alors que me revient en mémoire la frêle silhouette de cette femme que l'on vient de béatifier, et qui faisait les trottoirs de Calcutta, pour prendre chez elle « ceux qui n'avaient pas de maison ».

Et au lieu de l'irritation, c'est la honte que je sens monter en moi : je n'avais jamais songé donner à Kumar, je ne dirai pas un coin de ma chambre, cela aurait été impensable, le père supérieur ne l'aurait jamais permis, mais au moins un petit coin, quelque part où se reposer.

Les pauvres, eux, ils lui avaient offert leur seul lit, et avaient même mis en danger leur propre vie, pour un homme qu'ils ne connaissaient pas.

Nous nous débrouillâmes avec Amar Deep pour lui trouver une toute petite chambre, pas loin de là et assez proche du sanatorium, où tous les jours Amar Deep ou sa mère lui apportèrent les remèdes qu'ils allaient chercher à l'hôpital, l'eau et les jus de fruits qu'il pouvait enfin avaler.

Grâce à tous ces soins et cet amour qui le portait, car il était vraiment « porté » par l'amour, Kumar arriva à vivre encore quelques semaines. Il s'effondra un jour et il fallut le reprendre à l'hôpital.

« Père, c'est fini, me téléphona Amar Deep. Il veut vous revoir avant de mourir. »

Nous étions tous les quatre là, autour de son lit d'hôpital : Amar Deep, sa maman, une amie très pauvre de la famille qui l'avait veillé la nuit, et moi. Kumar prit nos quatre mains droites (je crois que c'est le dernier grand geste qu'il fit), les plaça sur sa poitrine, solennellement posa sa main décharnée sur nos quatre mains jointes, et d'une voix à peine audible, et qui venait du fin fond de son être et qu'Amar Deep, qui savait lire sur ses lèvres, traduisait, il nous murmura, nous fixant de ses grands yeux lumineux : « Restez ensemble, aidez-vous toujours, aimez-vous… » Et puis quelque chose d'incompréhensible, qui ressemblait à une bénédiction, la bénédiction des vieux Patriarches avant de mourir.

Il s'éteignit deux jours plus tard. Amar Deep organisa toute la cérémonie de la crémation, cette cérémonie sacrée qui peut être très symbolique, avec la cruche d'argile dans laquelle on a percé un trou pour que l'eau s'écoule doucement comme la vie, et que l'on brise lorsqu'elle est vide. Il s'occupa aussi des rites qui suivirent, après une semaine ou deux, comme un fils fait pour son père ; et, par respect pour le mort, s'arrêta de travailler quelques jours, dans le silence.

Kumar, le grand pauvre abandonné, était devenu pour eux le chef de famille.

3

Porteurs de fardeaux

Lorsqu'on parcourt certaines vieilles routes du Pays tamoul, on trouve encore parfois une petite structure insolite, qui tend à disparaître avec la modernisation du pays. Elle est faite de trois longues pierres de granit – deux plantées en terre à un mètre ou un mètre et demi l'une de l'autre, et la troisième placée horizontalement sur les deux autres. Cela ressemble à un montant de porte, mais d'une porte qui ne conduit nulle part, et qui par ailleurs serait trop basse, car toute la hauteur de la structure ne dépasse pas un mètre cinquante. C'est trop haut pour être un banc, et trop étroit pour servir d'abri contre les pluies de mousson ou contre le soleil de midi.

À quoi donc cela sert-il ? J'ai souvent posé cette question à des étudiants venus en Inde pour des chantiers de travail et rares sont ceux qui ont trouvé la solution… Je leur soufflais : « C'est surtout fait pour les femmes… — On ne voit pas… — Quel est ce travail assez pénible surtout réservé aux femmes ? » Pas de réponse. « N'est-ce pas elles qui portent des fardeaux sur la tête ? Cruches d'eau, fagots de bois ? Et ne faut-il pas se reposer un peu, après quatre ou cinq kilomètres et déposer le fardeau ? Mais alors, surtout s'il est lourd, comment le remettre sur la tête et se redresser sans risque d'abîmer ses genoux ? Eh bien, avant de s'accroupir pour se reposer, elles s'appuient contre le pilier vertical et font doucement glisser le fardeau, de leur tête, sur la pierre horizontale. Elles peuvent alors s'asseoir, se reposer et, se relevant, faire glisser de nouveau le fardeau sur leur tête et reprendre la route.

Cette petite construction ingénieuse, véritable « structure de base » qui, à travers les siècles, a aidé des millions de femmes à aller jusqu'au bout du chemin, porte le beau nom tamoul de *Soumei tangui*, « porteur de fardeaux ».

Mot magnifique, si symbolique et si évocateur de ce que nous devrions être les uns pour les autres ! Des porteurs de fardeaux ! Ces fardeaux parfois si lourds qu'ils peuvent conduire jusqu'au désespoir et au suicide. Fardeaux de familles divisées, de ménages qui ne s'entendent plus, fardeaux d'enfants retardés ou profondément handicapés, fardeaux d'amour rejeté ou trahi, fardeaux de ruine (financière ou économique) ou fardeaux cachés qu'on n'ose révéler et qui nous écrasent. Il suffit d'avoir vécu quelques années et d'être à l'écoute pour savoir le poids très lourd d'angoisse, de regrets, de remords ou de peur, que portent parfois des personnes qui nous entourent.

Le Seigneur Jésus, qui voyait ce qui était dans l'homme, le savait bien :

« Venez à moi vous tous qui ployez sous le fardeau… et je vous soulagerai. »

Il est l'exemple suprême du « porteur de fardeaux » pour l'humanité entière.

Mais nous tous, à notre petit niveau, nous sommes invités à être comme lui, des « porteurs de fardeaux ». Et il y a mille manières de le faire, ne serait-ce qu'un sourire, un petit clin d'œil, un mot de sympathie, tous ces petits signes qui disent : « Ne crains rien, ne te tracasse pas, tu n'es pas seul, je comprends, je suis là pour t'aider, je suis avec toi… »

Tout au long de ma vie, j'ai rencontré des milliers de personnes qui, même sans le savoir, ont aidé les autres à porter leurs fardeaux. C'est tellement profond, ce besoin que nous avons d'aller vers quelqu'un en détresse, pour l'aider.

Dans des pays comme le nôtre – pays du soleil et de la beauté, mais aussi pays de pauvreté et de faim –, ce ne sont certes pas les occasions qui manquent de donner « un coup de main ». Il y a déjà bien des années, je recevais à Madras un grand ami et un grand « spirituel », le père Blaise Arminjon, qui revenait du Vietnam. Je l'emmenai un soir jusqu'à la basilique Saint-Thomas, à Mylapore, l'un des hauts lieux du christianisme en Asie. C'est en effet là que saint François-Xavier pria pendant quatre longs mois sur la tombe de saint Thomas l'apôtre avant de se décider à quitter l'Inde pour Malacca, le Japon et la Chine en face de laquelle il mourut, épuisé. Nous avions pris une petite rue commerçante très encombrée et nous fûmes bloqués par une charrette chargée de sacs de riz, que tiraient et poussaient quatre pauvres hommes couverts de sueur et de poussière, deux devant et deux derrière. Je regardai le père Blaise : « Si nous leur donnions un coup de main ? »… Et nous voilà, tous les deux en soutane blanche, à pousser la grosse charrette qui, en dépit de tous les zigzags, n'avançait guère. Mais très vite, une douzaine de passants s'étaient joints à nous (comme c'est toujours le cas) et la charrette sortit des ornières et continua son chemin. Nous regagnâmes la vieille 403 que nous avions laissée dans un coin. Le père Blaise était radieux. Je suis sûr qu'il pensait à Simon de Cyrène aidant Jésus à porter sa croix ! Il n'avait pas tort. Jésus est en agonie jusqu'à la fin du monde. Et tout ce que nous faisons, c'est à lui que nous le faisons.

J'aimerais terminer sur le geste extrêmement discret d'une personne que je n'ai jamais vue, et dont je ne connais même pas le nom. Je venais d'arriver en France, de

Madras, et je partais par TGV pour une conférence à Saint-Jacut-de-La-Mer, près de Saint-Malo. Mon billet pour Rennes était bon mais je m'étais trompé de date : il était bon pour le lendemain ! Je restai donc debout, vers le début du compartiment, attendant le passage du contrôleur. Et le train partit. Le contrôleur arriva, et me voyant fatigué, me fit signe de m'asseoir dans un fauteuil encore vide, en attendant l'arrivée du titulaire de cette place. Je m'assis… et m'endormis !

Je me réveillai en arrivant à Rennes et demandai au contrôleur si le titulaire de ce siège n'était pas venu.

« Si, monsieur, il est venu mais, vous voyant fatigué, il n'a pas voulu vous déranger, et il est resté debout entre les deux wagons.

— Où est-il, pour que je puisse le remercier ?

— C'est trop tard, monsieur, il est descendu à la gare du Mans ! »

Si un jour il lisait ces lignes, ce qui est peu probable, je voudrais lui dire combien j'ai été touché par sa grande délicatesse et sa discrétion. Pendant une ou deux heures, il avait porté mon fardeau !

Écoute, écoute, surtout ne fais pas
de bruit,
On marche sur la route, on marche
dans la nuit.
Écoute, écoute, les pas du Seigneur
vers toi.
Il marche sur la route, il marche
près de toi.

Interlude I

Histoires de taxis

C'était l'époque où nous étions encore en soutane blanche. Je venais d'arriver à Bombay, à Victoria Station, après un long voyage d'une trentaine d'heures, et me dirigeais vers la station de taxis, de l'autre côté de la grande place de la gare. J'en trouvai un et m'adressai à lui, aussi poliment que possible :

« *Please, Sir, are you free ?* »

Il me regarda avec de grands yeux étonnés :

« *Father*, vous êtes le premier à m'appeler *Sir*, à me dire *please* et à me demander si je suis libre ! En général, on m'appelle de là-bas (d'un geste de la tête, il m'indique la gare), on me fait un grand signe de la main, comme si j'étais une bête de somme. »

Lorsque nous arrivâmes à destination, il refusa (autant que je me rappelle) d'être payé. Je l'avais respecté comme un homme.

Quelques années plus tard, en 1964, à Bombay également, on recevait le pape Paul VI, première grande visite d'un pape en Asie. Comme aumônier général des étudiants de l'Inde, on m'avait invité à être membre du Comité d'honneur qui recevait le pape à Santa Cruz Airport. Je pris donc un taxi et lui demandai de m'amener à l'aéroport. Mais je m'y étais pris un peu trop tard. L'arrivée du pape était un tel événement que toutes les routes conduisant à l'aéroport étaient bloquées, des heures à l'avance. Le grand journal populaire *Blitz* n'avait-il pas publié en première page : « Nous avons reçu dans cette grande ville de Bombay des chefs d'État et des chefs d'armée : le général Eisenhower et le président Khrouchtchev… mais ce n'est ni un président ni un chef d'armée que nous recevons aujourd'hui. C'est une personne autrement éminente : c'est le représentant de Jésus-Christ ! »

Bref, le trafic était si intense qu'après quelques kilomètres le taxi dut s'arrêter et se garer tant bien que mal sur le bord de la route. Après un bout de temps, qui me parut interminable, nous entendîmes comme le grondement d'une grande rumeur qui ne cessait de grossir et de se rapprocher, et le bruit des motos de la police, qui sillonnaient la rue. C'était le cortège du pape qui approchait ; on distinguait déjà, en se tordant le cou, la frêle silhouette blanche, debout sur une voiture ouverte. Il ne cessait de bénir à droite et à gauche la foule qui se pressait sur son passage. Mon chauffeur était tombé à genoux et dressait vers le ciel ses deux longs bras, comme un entonnoir, afin de pouvoir capter le plus possible de la bénédiction papale. Par chance, en arrivant à notre hauteur, le pape se tourna de notre côté et nous bénit.

Si je me souviens bien, je crois me rappeler que le *taximan* lui aussi refusa d'être payé. Il avait reçu la bénédiction du pape, cela suffisait pour la journée. Et en me quittant, il me dit qu'il allait passer ces trois jours en prière et en méditation jusqu'au départ du Saint-Père ! C'était un Hindou. Ça, c'est l'Inde !

4

Bouton de rose

L'une des caractéristiques du mouvement étudiant auquel j'ai eu le privilège d'être associé pendant une quinzaine d'années, l'AICUF (All India Catholic University Federation), a toujours été – et est encore – un engagement profond, à la fois intellectuel et concret, au service des pauvres.

Une des idées centrales de l'AICUF a toujours été que l'Université avait un rôle prophétique, en d'autres termes, qu'elle était au service du pays pour *préparer des structures plus justes pour l'avenir.*

Pour réaliser cet idéal, l'AICUF a toujours pensé qu'il était nécessaire pour les étudiants d'entrer concrètement en contact avec les moins privilégiés et même de se mettre physiquement à leur service. D'où les *work camps* ou « chantiers de travail », qui commencèrent dans les années 1957-1958 avec des étudiants indiens d'abord, et qui continuent encore aujourd'hui avec des étudiants français. Nous sommes sans doute l'un des premiers mouvements universitaires *comme tel* à vouloir exprimer notre solidarité avec les masses par des gestes concrets, comme bâtir une route, une école, creuser un puits, etc.

Cela nous valut l'attention des services de l'Inde nouvelle (nous étions encore dans les premières années de l'indépendance) et un jour je fus « bombardé » comme secrétaire, pour le Pays tamoul, d'un mouvement semi-gouvernemental, le Bharat Sevak Samaj (BSS), Association de service de l'Inde. Nous fûmes invités à l'une des premières réunions nationales du BSS, à Kanpur, présidée par le Pandit Nehru, Premier ministre de l'Inde. Il passa de table en table pour saluer les délégations venues de toute l'Inde. Lorsqu'il arriva à notre table – nous étions un petit groupe de cinq ou six –, l'une des jeunes filles lui demanda avec une liberté qui m'étonna :

« Monsieur le Premier ministre, pourriez-vous me donner la rose qui est à votre boutonnière ?

— Avec un grand plaisir, mademoiselle ! » répondit-il, et avec beaucoup de grâce, il lui donna son bouton de rose !

Je ne l'ai pas toujours vu de si bonne humeur ! Un jour, à Madras, lorsqu'un micro s'arrêta de fonctionner, il se mit en grande colère contre les organisateurs de la réunion : « Vous pourriez au moins respecter le Premier ministre de l'Inde ! » Il avait parfaitement raison. Il s'agissait de l'honneur de l'Inde.

C'était un gentilhomme et un homme de grand charme ; pas un politicien mais un homme d'État.

Avec le Mahatma Gandhi, dont il différait beaucoup, mais qu'il aimait et estimait tant – et c'était réciproque –, il est un des deux grands fondateurs de l'Inde moderne : Gandhi en est le père et Nehru l'architecte.

5

Cherian Nagar

Nous étions un petit groupe du Service civil international (SCI) et nous travaillions ce jour-là à débloquer un égout près de la gare d'Egmore, à Madras, lorsqu'une grosse voiture noire, sur laquelle flottait le fanion de la ville de Madras, s'arrêta brusquement. Une grande dame en descendit. C'était Mme Cherian, maire de Madras. Je la connaissais assez bien, car elle avait ses enfants à l'université.

« Que faites-vous là, Père ? (J'étais en soutane blanche, couverte de boue.)

— Vous voyez bien, madame, nous essayons de nettoyer votre ville qui en a bien besoin !

— J'ai un gros projet que j'aimerais vous confier : la réhabilitation des gens qui habitent sur les trottoirs *(Resettlement of pavement dwellers).*

— Excusez-nous, madame, nous ne sommes qu'un petit groupe de travailleurs volontaires pas assez nombreux et pas assez qualifiés pour un tel projet.

Elle insista :

— Non, non, ce sont des gens comme vous qu'il nous faut, des travailleurs sincères. Nous avons déjà les terrains, au nord du port, deux ou trois hectares de terrains vagues. Nous vous enverrons les matériaux nécessaires : briques, ciment, bambous, chaumes… Et chaque semaine nos camions vous emmèneront les familles à réhabiliter. Pas de problèmes ! »

Et nous voilà embarqués dans une grosse affaire : la construction de centaines de maisonnettes ou plus exactement de « huttes améliorées » pour familles sans maison, avec tous les problèmes humains très angoissants que présente toujours le transfert, ou « évacuation » de populations pauvres – transfert qui se fait le plus souvent contre leur gré. Car ils préfèrent en général rester près du lieu de leur travail et ont peur, avec la croissance et l'aménagement des villes, d'être repoussés au loin, même si cela représente davantage de confort et de sécurité pour les enfants.

Je me rappellerai toujours ces arrivées de camions qui déversaient sur nos terrains des dizaines de familles, avec des enfants qui pleuraient et leurs pauvres petites possessions : casseroles, marmites cabossées, bouteilles de plastique vides, quelques maigres provisions de riz ou de graines de sésame... Spectacle bouleversant d'une pauvreté déracinée, spectacle que j'ai vécu de nouveau quelques années plus tard, dans un contexte encore plus tragique, sur la frontière cambodgienne, sous les bombardements… Le long de tranchées boueuses ou de la ligne antichar. Ces évacuations que tout le monde redoutait.

Heureusement, nous avions de magnifiques jeunes avec nous : l'équipe du Service civil international de l'Inde, qui comprenait, en plus des volontaires indiens, des volontaires venant du Japon, de France, d'Angleterre, d'Allemagne, etc., et l'équipe suédoise des Hirondelles *(swallows)*, en majorité des jeunes filles – équipe financée par les communautés d'Emmaüs de Suède.

Et nous commençâmes le travail. C'était dans les années 1960-1970, si je me souviens bien.

Monique (ou est-ce Marie ?), la jeune infirmière, vint me trouver un jour vers 4 heures et demie de l'après-midi :

« Père, il y a un bébé qui se meurt dans

une hutte d'à côté. Il faut absolument le prendre à l'hôpital le plus proche et le mettre sous oxygène, sinon il n'en a plus que pour deux ou trois heures. » Nous allâmes donc dans la hutte où se trouvait la maman avec son bébé qui brûlait de fièvre, et je lui expliquai ce que venait de me dire l'infirmière. Il fallait partir tout de suite pour l'hôpital Stanley, à cinq ou six kilomètres de là, et mettre le bébé sous oxygène.

« S'il vous plaît, venez avec nous, madame… Il faut partir tout de suite… »

Elle recula de quelques mètres, en serrant son bébé dans ses bras et, d'un geste de tête, me fit non. Et comme j'insistais, dans mon meilleur tamil, elle me dit d'un mot fort : *« moudiyadou »*, « c'est impossible », et m'expliqua qu'elle était musulmane, et que c'était son mari qui décidait.

« Où est-il ?

— *At Metal Box Factory.*

— Quand revient-il ?

— À 7 heures du soir.

Je regardai Monique…

— C'est trop tard, l'enfant sera sans doute déjà mort. »

Nouvelle discussion avec la maman. C'était toujours « non ». Je fis signe à Monique : « Il n'y a rien à faire. Elle ne veut pas. Partons ! »

C'est dans la vieille 403 bâchée, qui nous ramenait vers Madras, que je reçus de Monique l'une des plus belles leçons de ma vie, une leçon que je n'oublierai jamais. Elle était très fâchée :

« Père, vous n'avez pas le droit de laisser mourir un enfant lorsque vous pouvez le sauver.

— Mais, Monique, je ne pouvais tout de même pas prendre l'enfant de force, sans la permission de sa maman. S'il était mort en route, dans la voiture, j'étais responsable et passais en correctionnelle.

— Vous n'avez pas le droit de laisser mourir un enfant. »

Et elle s'enferma dans son silence. Je la déposai à la petite pension de famille où elle logeait, et continuai mon chemin sur Loyola College où j'habitais alors. Mais elle m'avait ébranlé et j'étais très angoissé. Elle avait peut-être raison. Si on *peut* le faire, il *faut* le faire, surtout s'il s'agit de la vie d'un enfant. La nuit tombait et il commençait à pleuvoir. Je pris ma grosse moto Bullet et repartis à fond de train, sous la pluie battante, pour Cherian Nagar. L'enfant était encore en vie, et le père venait de rentrer de Metal Box Factory. Nous partîmes aussitôt pour Stanley Hospital. L'enfant fut sauvé.

Je venais d'apprendre d'une jeune fille de vingt ans une leçon que je crois n'avoir jamais oubliée : que la vie d'un enfant vaut plus que tout l'or du monde, et que tout devait s'arrêter dans la ville de

Madras et dans toutes les villes du monde lorsqu'il s'agissait de la vie d'un enfant. « Sauver un enfant, disait magnifiquement Dostoïevski, c'est sauver le monde. » Si un jour Monique (ou était-ce Marie ?) lisait ces quelques lignes, ce qui est peu probable, car cela se passait dans les années déjà lointaines 1960-1970, je voudrais lui exprimer toute ma reconnaissance.

Et il ne s'agit pas seulement de la vie d'un enfant. Il en va de même de la vie de tout homme, si pauvre, si démuni soit-il. La vie d'un homme est infiniment supérieure à toutes les richesses matérielles de l'univers. Ce sont des valeurs différentes, des « ordres » différents, aurait dit Pascal, d'où la « centralité » de l'homme dans l'univers.

6

Les mouchoirs de Cholet

Elles étaient trois jeunes professeurs de lycée. Je ne les avais jamais rencontrées et ne connaissais même pas leur nom. Je ne sais comment elles avaient eu mon adresse. Mais pendant des années, jusqu'à mon départ pour le Cambodge en 1980, elles ne cessèrent de m'aider. Comme enseignantes dans un lycée, elles avaient sûrement des « honoraires » confortables. Mais elles avaient décidé, entre elles, de vivre pauvrement, pour pouvoir aider des gens plus pauvres qu'elles. Tout ce qui, dans leurs salaires, dépassait le smic tombait donc automatiquement dans la cagnotte, et m'était envoyé. La dernière chose que je reçus d'elles furent trois petits mouchoirs rouges de Cholet !

Après plus de vingt-cinq ans, je voudrais les remercier, et à travers elles et avec elles, je voudrais remercier et rendre un haut et vibrant hommage à tous ceux et toutes celles qui, depuis des années, inlassablement, ne cessent de m'aider à faire vivre des milliers d'enfants et à sauver des centaines de vies humaines. Il ne m'est pas possible de mentionner tous leurs noms : ils sont innombrables. Depuis ceux et celles qui m'ont littéralement envoyé des fortunes, jusqu'à ce prisonnier à long terme qui, n'ayant pas d'argent et ne pouvant en posséder, me faisait passer des timbres-poste !

Je suis dans l'admiration de tant de générosité. Et plus que de l'admiration, je me sens porté par leur amour, qui me va droit au cœur, et qui nous permet d'étendre toujours davantage ces « espaces de charité » dont parlait magnifiquement saint Augustin.

Elles seront étonnées, ces personnes qui ont tant donné d'amour à des « autres » lointains qu'elles ne connaissaient même pas, de savoir qu'un chapitre célèbre de saint Matthieu s'applique à elles de façon toute particulière, et plus étonnées encore lorsqu'elles seront un jour appelées par leur nom par Celui qui doit venir à la fin des temps, sur les nuées des cieux, pour juger l'humanité entière, assemblée devant lui, de toutes races, langues, nations : « Venez les bénis de mon Père, j'avais faim et vous m'avez donné à manger... Tout ce que vous avez fait au plus petit et au plus lointain de mes frères, c'est à Moi que vous l'avez fait » (Mt 25).

Nous avons été interpellés un jour à Delhi, à propos de ce texte, par un grand Hindou, qui présidait le séminaire des travailleurs sociaux, composés en majorité de chrétiens.

« Si vous croyez vraiment à votre Évangile, si vous croyez, comme vous le dites, à cette page que vous venez de citer… Il s'arrêta et avec beaucoup de respect, il ajouta : Excusez-moi, je suis un non-chrétien et je respecte vos Écritures, mais je n'y crois pas… Si donc vous croyez vraiment que tout ce que vous faites, c'est à votre Dieu que vous le faites, alors, je vous en prie, faites davantage. »

Faites davantage. Davantage. Ce petit mot qui est aussi grand que l'univers et même le dépasse, car on peut toujours aller plus loin ; ce mot qui a été immortalisé par une réplique de saint Vincent de Paul à Anne d'Autriche, reine de France, qui lui disait un jour : « Monsieur Vincent, pourquoi vous tracassez-vous ainsi ? Je vous en prie, cessez de vous critiquer. Vous avez tellement fait, tellement fait pour les pauvres, les forçats, les réfugiés.

Tellement. Que pouviez-vous faire de plus ? »

« Davantage ! Madame. »

Si tu partages le pain que Dieu te donne,
Avec celui qui est ta propre chair,
La nuit de ton amour sera lumière de midi.

D'après Isaïe 58
Texte : Michel Scouarnec
Musique : Jo Akepsimas

Interlude II

Reçu par une reine

C'était dans les années 1950. Je venais d'être nommé père spirituel du grand collège universitaire Saint-Joseph de Tiruchirapalli (Trichy).

J'y reçus un jour un journaliste français, directeur de la revue *Esprit* – l'un des successeurs d'Emmanuel Mounier. Après lui avoir fait visiter la splendeur des grands temples civaïtes et vishnouïtes de Trichy, le Rock Temple, et Sri Rangam, je l'emmenai dans un bidonville misérable, pas loin du collège. Nous entrâmes dans l'une des huttes les plus proches, et y fûmes reçus par une jeune femme qui s'occupait de son bébé. Pendant qu'elle nous parlait de son mari qui était au travail, elle nous servit avec beaucoup de dignité et de gentillesse une excellente tasse de thé, et s'excusa de n'avoir rien d'autre à nous offrir. La hutte était pauvre, mais propre, et tout était en ordre. C'était de la beauté dans la pauvreté.

Je reçus quelques mois plus tard un tiré-à-part de la revue *Esprit*, dont le titre était : « J'ai été reçu par une reine ». C'était la description de la manière vraiment royale avec laquelle nous avait accueillis cette pauvre femme dalit, dans les bidonvilles de Trichy.

7

Jeunesse sans frontières

Nous avons la joie de revoir chaque année, et cela depuis longtemps, des équipes de plus en plus nombreuses d'étudiants de grandes écoles, universités, formations scouts et autres, jeunes gens et jeunes filles merveilleux de joie, d'amitié, de générosité, qui viennent pour un mois ou deux nous « aider » comme ils le disent gentiment, mais surtout parce qu'ils éprouvent le besoin de donner quelque chose d'eux-mêmes à des populations lointaines plus pauvres, tellement plus pauvres qu'eux. C'est un phénomène un peu nouveau mais si prometteur.

C'est en 1967, autant que je me souvienne, que nous arriva la première équipe : huit garçons solides de Toulouse, que nous envoya le père Poujoula, du collège du Caousou. À cette époque, c'était une aventure que de partir « pour les Indes » comme on disait encore. Ils bâtirent un petit dispensaire, dans un bidonville de Madras, et repartirent après un mois sous le grand soleil, brûlés comme des brioches, mais heureux et fiers de leur expérience : une expérience dont ils ne se privèrent pas de parler, dès leur retour à Toulouse : le dernier jour, ils avaient dansé avec des lépreux ! Cela faisait un peu penser à saint François d'Assise !

Je passai par Toulouse, l'année suivante, et j'y rencontrai les parents de nos étudiants, de grandes familles toulousaines : professeurs d'université, docteurs, industriels, commerçants… Ils me dirent – eux qui n'avaient jamais quitté la France –

combien leurs enfants leur avaient appris et leur avaient fait du bien ! « Ils nous ont parlé des choses de là-bas, des gens pauvres des bidonvilles, des hommes et des femmes comme nous ! » disaient-ils. « Des gens comme nous » : quelle belle et étrange découverte – une découverte qui pourrait changer le monde.

C'est l'année suivante que nous recevions notre première grande équipe : seize merveilleux étudiants, en majorité de Normale supérieure. Ils avaient entendu parler, par Madeleine, professeur à Paris, de sa sœur, Marie-Denis, infirmière qui se dévouait depuis des années au service des lépreux dans un petit dispensaire de Kovilur, à 400 kilomètres au sud de Madras, et qui n'était jamais rentrée en France. De fait, jusqu'à sa mort, elle ne revint jamais. Et ils avaient décidé de bâtir un hôpital pour elle et ses malades, un hôpital pour lépreux.

Ils me demandèrent de leur envoyer un plan d'hôpital, par un architecte qualifié, et aussi le devis : ils se chargeaient de toutes les dépenses.

Je leur répondis en soulignant bien que la grosse somme requise pour le projet ne devait pas être, seulement, « de l'argent à papa » : s'ils voulaient que cet hôpital soit leur hôpital, il fallait que ce soit aussi de l'argent à eux. Ils avaient tout l'hiver pour travailler à ce projet : laver des autos, monter des sacs de charbon au sixième étage (nous étions en 1967 !) et aussi se priver de cinéma et de cigarettes ! Et c'est ce qu'ils firent.

Je les rencontrai, rue Falguière à Paris, quelques semaines avant leur départ pour l'Inde. Ils me dirent avoir réuni la somme nécessaire, et ajoutèrent une chose à laquelle je ne m'attendais pas :

« Père, nous avons réfléchi, et nous avons décidé de ne pas venir !

— Quoi ? Vous ne venez pas ?

— Non, Père, car nous avons fait des calculs : si nous vous envoyons aussi le prix de nos billets d'avion, vous bâtirez un meilleur hôpital !

— Oui, sans doute, mais ce n'est pas de ça qu'il s'agit. Il faut que vous veniez. C'est plus important que l'hôpital ! Si vous venez, ça vous changera et vous aidera à changer ceux qui sont autour de vous. »

Ils vinrent deux années successives et avec l'aide des maçons du coin (aide toujours nécessaire, même avec des étudiants de Normale ou de Polytechnique !) ils bâtirent un petit hôpital qui fonctionne toujours.

Je ne les ai jamais revus. Mais j'ai appris que certains d'entre eux étaient partis travailler dans des pays d'Amérique du Sud, et que l'un d'entre eux travaille encore avec Jean Vanier au service des handicapés.

Et depuis, le flot n'a pas cessé de grossir. C'est de quinze à vingt équipes que nous recevons maintenant chaque année. La plupart d'entre elles sont organisées et préparées de façon suivie par des ONG, dont la plus importante est Inde Espoir mais par d'autres aussi qui ne cessent de se multiplier.

À côté de ces « équipes de travail », qui viennent pendant les vacances d'été, pour un « projet » de leur choix, nous recevons aussi des groupes plus restreints – de deux à quatre personnes, parfois des isolées – qui viennent pour des périodes plus longues de quatre à six mois, et même un an. Ce sont en général des personnes plus spécialisées : docteurs, infirmières, agriculteurs, enseignants et même boulangers et couturiers !

Mais, quelles que soient les formules, de plus en plus variées, c'est toujours et pour tous une expérience profonde, humaine et chrétienne, une démarche vers les autres et parfois même vers l'Autre. Je pense à ces quelques jeunes filles admirables qui, après ce contact bouleversant avec les foules de l'Inde, se sont consacrées à Dieu dans la vie contemplative.

Ne connaissant pas les langues locales, c'est par le travail manuel, fait ensemble, et les gestes et sourires qui l'accompagnent que paysans et étudiants peuvent communiquer, et c'est presque toujours les larmes aux yeux qu'on se sépare avec la satisfaction d'avoir fait quelque chose de vrai pour un village pauvre, quelque chose qui dure : un puits, un dispensaire, un centre communautaire, des maisons, « des gouttes d'eau mais des choses vraies ».

Parce qu'ils sont passés, le village a changé : les enfants des enfants de ceux avec qui ils ont travaillé auront de l'eau pour boire dans les puits creusés ensemble, et les enfants de leurs enfants habiteront dans des maisons construites ensemble.

Tout ce qui est vrai est pour toujours et a des répercussions dans le temps et dans l'espace. « Une pierre dans la mer et toute la mer en est changée », a dit Pascal.

J'aimerais terminer ce chapitre sur une note plus générale. Dans un monde qui se « globalise » à une allure vertigineuse et où les pays du Nord et les pays du Sud ont tendance à s'affronter (Davos *versus* Bombay), il me paraîtrait indispensable pour les jeunes des pays « riches », en particulier pour ceux qui sont appelés à exercer de hautes responsabilités, de connaître et comprendre les problèmes et les besoins des pays « pauvres », qui constituent les trois quarts de l'humanité.

« Ils ont droit, eux aussi, à avoir accès au festin de la vie. »

Paul VI, aux Nations unies à New York

Nos chantiers sont une bonne préparation pour le monde de demain.

8

Les espaces de la charité et de l'amour

1959 : nous avions cette année-là à Bombay un important congrès d'étudiants universitaires. Ils étaient venus plus de deux mille, de tous les coins de l'Inde. Le thème du congrès était précisément : « Engagement des étudiants auprès des pauvres ». Les organisateurs avaient invité pour l'inauguration un jeune député de Paris, fondateur du mouvement Emmaüs, déjà connu pour son engagement social : l'abbé Pierre. Il avait commencé son intervention par une parole forte : « Mes jeunes amis, étudiants indiens, vous serez des chefs désastreux pour votre pays, demain, si vous ne connaissez pas les problèmes des pauvres de chez vous. »

J'aimerais reprendre cette parole, avec beaucoup d'amitié et de respect, pour les jeunes universitaires ou les étudiants des grandes écoles qui pourraient lire ces quelques lignes rapides : « Mes amis, vous serez des chefs désastreux pour le monde de demain, et cela en dépit de votre savoir prestigieux, si vous ne connaissez pas les problèmes des immenses pays qui nous entourent, et que nous appelons "pays du Sud", ou si vous vous désintéressez d'eux. » Ils forment plus des trois quarts de la population du monde et ils aspirent à prendre la place qui leur appartient. Trop longtemps, nous les avons oubliés ou, ce qui est pire, exploités. Cela ne peut plus durer dans un monde qui se globalise à une allure vertigineuse et où l'on arrive, grâce aux médias, à connaître tout ce qui se passe, partout.

Il n'y a plus de pays « fermés » aujourd'hui. Tous les problèmes sont internationaux. La France a besoin de s'ouvrir sur l'Europe et l'Europe sur le monde. Les frontières s'estompent ou commencent à disparaître. Bernard Kouchner parlait des « malades sans frontières ». Est-ce que les maladies elles-mêmes n'ont pas toujours été des maladies sans frontières ?

Pour survivre aujourd'hui, tout pays a besoin des autres. Nous ne pouvons plus accepter les injustices du monde d'aujourd'hui, ce que le philosophe Emmanuel Mounier appelait « le désordre établi » – un monde dans lequel quelques pays privilégiés ont tout, et les autres presque rien. Une grande colère monte chez les peuples pauvres, et certaines personnes se demandent aujourd'hui si nous arriverons à la fin de ce IIIe millénaire.

C'est dans ce contexte d'un monde en pleine ébullition, et qui cherche des structures nouvelles et plus justes, qu'il nous faut peut-être comprendre le rôle prophétique des universités et des grandes écoles – qui n'est pas de former quelques étudiants privilégiés qui obtiendront de meilleures places et les plus hauts salaires, mais bien de préparer des chefs pour changer le monde : des hommes et des femmes qui, connaissant les problèmes des pays du Sud, aimant et respectant ces peuples immenses aux cultures souvent prestigieuses, travailleront avec eux à bâtir ce monde de demain, un monde basé sur des valeurs nouvelles, où la priorité est donnée à l'homme et non aux valeurs de l'argent. Cela s'applique aussi à tous ceux et celles, jeunes et moins jeunes, qui s'engagent dans des associations de solidarité et de partage, dont le but – pour reprendre la magnifique expression de saint Augustin que j'ai déjà citée mais que j'aime tant – est d'étendre toujours plus loin les espaces de la charité et de l'amour.

J'aimerais terminer sur la fière devise de ce mouvement étudiant indien évoqué au début de ce chapitre, mouvement d'inspiration chrétienne, mais ouvert à toutes les religions et dénominations, qui compte aujourd'hui plus de soixante mille membres, dont 50 % sont des *dalits* (anciens « Intouchables ») ou des *tribals* (« tribus ») : « Nous sommes nés dans un monde injuste. Nous ne le quitterons pas tel que nous l'avons reçu. »

9

Sans partage, pas de IIIe millénaire

Si nous voulons bâtir un monde meilleur (et c'est ce que nous désirons tous), c'est aux questions fondamentales des valeurs qu'il faut revenir : Qu'est-ce qui est plus important, l'homme ou l'argent ?

C'est seulement avec une échelle de valeurs centrée sur l'homme que nous pourrons transformer les structures injustes qui écrasent nos frères moins fortunés – qu'ils soient français de chez nous, ou émigrés, ou réfugiés. Tout homme a le droit de vivre, nous rappelait Jean-Paul II, au camp de Phanat Nikkom, en 1988, devant des milliers de réfugiés cambodgiens, vietnamiens, laotiens, etc.

Et s'il ne peut pas vivre chez lui, pour des raisons diverses, il a le droit de vivre ailleurs. Et cet ailleurs « a le devoir de le recevoir ».

Le grand combat du IIIe millénaire sera un combat pour l'homme, sa liberté, sa dignité. Et pour nous, chrétiens, ce combat pour l'homme est un combat pour Dieu.

Dans le cadre du grand combat pour l'homme, il ne serait pas inutile de revenir sur cette grande idée du « partage » qui fut le sujet d'un forum à l'UNESCO l'année dernière, présidé par M. Elie Wiesel, Prix Nobel de la paix ; un partage qui dépasse nos générosités personnelles – toujours très belles et très nécessaires – mais qui ne vont pas assez loin. Il faut aller jusqu'à un partage des responsabilités internationales et une refonte profonde des structures qui, au lieu de l'unifier, divisent le monde d'aujourd'hui. Car nous ne pouvons plus accepter les inégalités monstrueuses qui existent entre les quelque 20 % qui ont presque tout et les 80 % qui n'ont presque rien, inégalités qui divisent, mais aussi qui tuent ou, du moins, laissent mourir des millions de nos enfants.

Dans sa conclusion, après avoir évoqué la page sans doute symbolique mais bouleversante de la Genèse – l'histoire de Caïn tuant son frère Abel –, Elie Wiesel avait terminé par une parole très forte : « Tuer un homme, c'est tuer un frère. » Je pense être fidèle à sa pensée si j'ajoute : « Laisser mourir un homme, c'est laisser mourir un frère. »

Nous ne pouvons pas accepter ça.

« Qui donc est Dieu que nul ne peut aimer

s'il n'aime l'homme ?
Qui donc est Dieu qu'on peut si fort blesser
en blessant l'homme ? »

Hymne de la *Liturgie des heures*,
Samedi I, matin.

Il y a quelques années, en 2000 ou 2001, je recevais à Madras deux grands théologiens, l'un missionnaire dans une des îles lointaines du Pacifique, l'autre, le père Peter Henrion (Américain, mais appartenant sans doute à ces vieilles familles françaises parties pour les États-Unis il y a deux ou trois siècles), fondateur du Center for Human Concern à Washington et maintenant travaillant en Zambie. Je les emmenai un soir dans un bidonville proche de Loyola College. C'était l'heure du repas pour nos enfants. Deux de nos jeunes filles avaient déjà commencé à étendre sur le sol des petites ruelles les feuilles de bananier pour le repas : cent feuilles, deux cents feuilles, trois cents feuilles… et les enfants arrivaient d'un peu partout, et s'asseyaient devant les feuilles. Puis le riz commença à arriver des huttes voisines : de grands plateaux de riz blanc fumant et sentant bon... et puis la sauce, le kari, et les gobelets d'eau, et les fruits... tout cela porté par nos jeunes filles et aussi par les pauvres femmes du bidonville. Les « provisions » avaient sans doute été apportées par le kalei le matin. Mais tout avait été préparé par tous ces pauvres gens. Lorsque chacun fut servi, une fillette se leva et bénit le repas. Aucun des enfants, pourtant affamés, n'avait encore touché à la nourriture.

Nos deux théologiens regardaient cela avec étonnement. Et c'était vraiment étonnant. Peter Henrion me dit :

« Tu sais, Pierre, ça c'est l'Église du IIIe millénaire.

— Peter, ne me parle pas d'Église du IIIe millénaire : ce sont tous des petits hindous ou des petits musulmans... lui dis-je, pensant qu'il les croyait tous chrétiens.

Il insista :

— C'est l'Église du IIIe millénaire… des gens qui viennent de partout, de la nourriture pour tout le monde. C'est l'Église du partage. Et il ajouta : Sans partage, il n'y aura pas de IIIe millénaire ! Ça craquera avant que le millénaire ne s'achève ! »

« Ça craquera… » Lorsqu'on voit ce qui s'est passé à New York, et plus récemment à Madrid et ailleurs, on peut se demander si cela n'a pas déjà commencé à craquer.

Si tu dénoues les liens de servitude,
Si tu libères ton frère enchaîné,
La nuit de ton chemin sera lumière
de midi.

Si tu abats les murs entre les hommes,
Si tu pardonnes à ton frère ennemi,
La nuit de ta passion sera lumière
de midi.

D'après Isaïe 58
Texte : Michel Scouarnec
Musique : Jo Akepsimas

Interlude III

Toujours le même sari

Elle avait une quarantaine d'années, était veuve et vivait, avec ses deux grandes jeunes filles, dans une hutte à proximité d'un grand *slum* de Madras. Elle était toujours impeccable lorsqu'elle sortait pour aller au marché ou à la poste. Un sari de coton, sans doute bon marché, mais propre. Et ses deux filles aussi, toujours bien habillées. Si bien qu'on les croyait assez à l'aise, toutes les trois.

Mais on s'aperçut peu à peu qu'elles ne sortaient jamais ensemble : si la maman sortait, les deux filles restaient à la maison, et si l'une des filles sortait, la maman et sa sœur restaient à la maison. Et c'était toujours le même sari qui sortait ! Et c'était bien ça : toujours le même sari qui sortait ! Parce qu'elles n'en avaient pas d'autre ! Un sari pour toutes les trois. Il fallait se changer chaque fois que l'on sortait… Et les deux autres devaient attendre.

C'est sans doute un cas assez unique mais je connais de nombreuses jeunes veuves qui, sous des apparences de grande dignité, et souvent même de grande beauté, cachent des abîmes de pauvreté. À les voir, dans leur grand sari qui tombe jusqu'aux pieds, leur démarche légère, leur port droit et élancé, et le petit bébé, tout souriant, qu'elles portent dans les bras, on les prendrait pour des princesses… jusqu'au jour où l'on découvre la profondeur de leur pauvreté et de leur insécurité. La plupart de celles que je connais sont en dessous du seuil de pauvreté que nous estimons à un euro par famille et par jour (50 roupies). Mais, par dignité, elles le cachent. L'Inde est sans doute un pays en pleine montée, économique, sociale, internationale… Mais avec encore beaucoup de taches profondes de pauvreté !… Un pays très riche sans doute mais avec beaucoup de très pauvres gens.

10

Mère Teresa

C'était en 1971, durant la guerre (dite) du Bengala Desh – à la fin de laquelle « le Pakistan oriental » se détacha du « Pakistan occidental » et devint le « Bengala Desh ». Je travaillais alors comme volontaire avec Caritas India, dans le grand camp de Salt Lake City, près de l'aéroport Dum Dum de Calcutta, au service des réfugiés qui affluaient de la frontière assez proche : près de 300 000 d'entre eux, dans le plus grand dénuement et un désarroi général. Grâce aux efforts des Nations unies (le Haut-Commissariat aux réfugiés – UNHCR) et des autorités civiles et militaires de Calcutta, un certain ordre avait été rétabli, et le camp marchait aussi bien qu'un camp de 300 000 réfugiés peut marcher, c'est-à-dire d'une façon très précaire et très fragile – jusqu'au jour où la mousson éclata. Et ce fut la catastrophe. Le camp fut inondé sur toute sa longueur : une couche d'eau d'un pied de hauteur. Non seulement les huttes et les tentes où se trouvaient les réfugiés devinrent inhabitables mais, pire, les latrines du camp, simples tranchées de six pieds de profondeur, furent remplies d'eau et dégorgèrent toute la saleté qu'elles contenaient. Une terrible épidémie de choléra éclata. Les docteurs avec qui je travaillais me montraient les excréments qui flottaient dans l'eau : « Là va le choléra. » Il allait partout.

Une réunion d'urgence rassembla tous les chefs des différentes formations : UNHCR, ICRC (Comité international de la Croix-Rouge), les autorités de la ville et les principales ONG travaillant dans le camp. Que faire ? Comment contrôler le choléra ? Comment rendre le camp de nouveau habitable ? Ou bien, faudrait-il l'évacuer ? Mais comment et où évacuer sous la pluie 300 000 personnes ? Les grands chefs et les grands responsables proposèrent différentes solutions. Mais aucune ne fit l'unanimité.

Le général Mukerjee, qui commandait alors la place de Calcutta et qui présidait la réunion, aperçut dans un coin de la salle la petite stature de Mère Teresa, et se tourna vers elle : « Mère, vous n'avez encore rien dit, et pourtant vous connaissez mieux que personne les problèmes des pauvres, et ce qu'il faut faire dans des situations comme celle-ci. Que suggérez-vous ? »

Mère Teresa se leva pour que tout le monde puisse enfin la voir, et proposa quelques petites choses toutes simples qui « pourraient aider à améliorer la situation ». Comme d'habitude, elle parla de manière claire et concise, mais ce fut assez. Tout le monde se rallia à ce qu'elle avait suggéré : « Vous avez raison, Mère, je retire ce que j'avais proposé. »

Qu'avait-elle dit ? Simplement qu'il fallait quadriller le camp en carrés de 40 mètres sur 40, avec des sacs de jute remplis de sable, puis mettre dans chaque carré une grosse pompe Diesel, et ainsi, carré par carré, assécher le camp.

Ce qui me frappa ce jour-là, ce fut le caractère pratique de cette grande contemplative, et aussi comment elle avait réussi, avec beaucoup de douceur et d'humilité, à faire l'unanimité autour d'elle.

Mais elle savait aussi parler avec autorité. Un jour, le Yémen lui demanda d'ouvrir une de ses maisons chez eux. Elle accepta et fit la demande de visas pour les sœurs et l'aumônier qui devaient animer cette fondation. Elle reçut les visas pour les sœurs, mais pas celui de l'aumônier : « Pas de visa pour les prêtres ! » Elle répliqua : « Sans prêtre, pas d'Eucharistie. Et sans Eucharistie, pas de Mère Teresa ! »

Elle obtint son visa !

Dieu de mes pères et Seigneur de tendresse,
Par ta parole tu fis l'univers,
Tu formas l'homme par ta sagesse
Pour qu'il domine sur tes créatures,
Qu'il gouverne le monde avec justice et sainteté,
Qu'il rende avec droiture ses jugements.
Donne-moi la sagesse assise près de toi.

Cantique de la Sagesse, Sagesse 9

11

Messe sur la frontière

C'était en 1981-1982, à peine deux ans après l'arrivée des grandes vagues de réfugiés cambodgiens qui avaient fui leur pays après l'arrivée des Vietnamiens à Phnom Penh en janvier 1979, et l'ouverture des « camps de la mort ». Ils fuyaient les camps, abandonnés par les Khmers rouges, et les armées vietnamiennes qui avançaient.

Je travaillais alors, sur la frontière cambodgienne, à Kao-y-Dang, avec un ancien missionnaire du Cambodge, un homme admirable qui avait passé de longues années dans des paroisses le long du Mékong, et qui parlait le khmer à la perfection. Il était adoré des réfugiés cambodgiens, qui le surnommaient « le Père des Cambodgiens » : le père Venet, des Missions étrangères de Paris (MEP).

Il m'invita un jour à le rejoindre pour une Eucharistie près du grand camp de frontière de Nong Chang, où il venait d'y avoir des combats sanglants, entre la résistance cambodgienne et l'armée vietnamienne. Il avait envoyé un pli, par un homme de confiance (les postes n'existaient alors plus au Cambodge), à ses vieilles communautés chrétiennes de là-bas, sur le Mékong (Kompong Tom, Kompong Chang...), qui n'avaient pas eu de messe depuis 1975 – car il n'y avait plus de prêtres au Cambodge : ils avaient tous été tués ou chassés par les Khmers rouges, y compris le jeune évêque cambodgien d'alors. Il les invitait à venir jusqu'à la frontière vietnamienne pour une Eucharistie ! Ce « pli » avait la précision d'une dépêche d'état-major : « Venez tel jour, près du camp de Nong Chang. Je serai là, près du grand arbre, près de l'hôpital MSF, à 4 h 30 du soir. Tout sera prêt. Venez, n'ayez pas peur. Que le bon Dieu vous garde ! »

Nous étions donc tous les deux là, près du grand arbre, à quelques mètres du fil de fer barbelé qui symbolisait la frontière. Il était 16 h 30. Devant nous, un terrain vague de 400 à 500 mètres de profondeur, qui avait été ravagé par des combats précédents ; et derrière ces terrains vagues, la grande forêt cambodgienne, profonde et mystérieuse, vers laquelle nous tendions nos regards.

Nous n'eûmes pas longtemps à attendre. Les deux premiers chars à bœufs venaient de sortir de la forêt, suivis de trois autres – tirés par ces grands bœufs blancs, avec une bosse sur le dos, semblables aux bœufs du Pays tamoul… En quelques minutes, ils traversèrent les terrains vagues et nous rejoignirent. Ils avaient fait quelque 300 kilomètres sous les bombardements et sur des terrains remplis de mines.

Nous eûmes une très émouvante Eucharistie, accompagnée de ces chants cambodgiens profonds et rauques qui font penser à des chants russes. Le père Venet avait tout prévu : des milliers et des milliers de petites hosties dans de grosses boîtes de tôle (en cas de pluie) pour qu'ils puissent apporter la communion à leurs lointaines communautés de base, et à celles sur leur route, à tous ces chrétiens frustes et solides, qui n'avaient pas reçu l'Eucharistie depuis 1975.

Ils repartirent, à la tombée de la nuit, leurs charrettes pleines d'hosties consacrées.

J'allais en France l'année suivante, et étais invité à prêcher à la cathédrale d'Angoulême par l'évêque du lieu,

Mgr Roll, un vieil ami qui plus tard partit comme volontaire pour un pays africain. Dans mon allocution, je décrivais cette messe de frontière qui m'avait tant marqué… Mgr Roll m'avait fait l'honneur d'être présent, sur son siège épiscopal. J'étais sur le point de terminer lorsqu'il se leva brusquement, traversa en quelques grandes enjambées l'espace qui nous séparait, et prit le micro : « Mes frères, écoutez bien ce que le père vient de dire. Ces pauvres gens mais grands chrétiens ont fait plus de 600 kilomètres sous les bombardements pour pouvoir recevoir l'Eucharistie. Que sommes-nous à côté d'eux ! Nous qui nous plaignons que l'église est trop loin ou la messe trop tôt. Père, si vous les revoyez un jour, ces hommes et ces femmes merveilleux, dites-leur bien que nous les remercions pour leur témoignage ! »

Je ne les ai jamais revus.

Interlude IV

Une messe de trop !

La messe pour notre petite communauté vietnamienne avait été un peu difficile, ce dimanche-là. Notre église de bambous tremblait à chaque éclatement d'obus. Durant ma très brève homélie, après l'évangile, je leur avais dit, entre deux bombardements, que nous n'étions pas très sûrs de pouvoir avoir une messe la semaine suivante dans le même endroit. L'équipe de télévision de Taipei, qui était en train de me filmer et de filmer notre assemblée lorsque je disais ça, opinait de la tête. Cela n'avait pas l'air très prometteur.

En fait, un obus tomba trois jours plus

tard sur notre pauvre chapelle et il ne resta que quelques débris.

J'arrivai le dimanche suivant, avec ma vieille Toyota, à travers des sentiers impossibles de forêt, et je vis ce qu'il en restait : presque rien.

Nous décidâmes donc de dire la messe dehors, dans une petite clairière que des obus avaient contribué à élargir. En un rien de temps, nos jeunes Vietnamiens, qui sont des gens énergiques et débrouillards, nettoyèrent l'endroit et étendirent une natte ou deux, en guise d'autel.

L'équipe de télévision de Taipei, qui, comme moi, n'avait pas appris la destruction de la chapelle, était là, et filma de nouveau notre messe, cette fois-ci à ras du sol.

Lorsqu'ils présentèrent leur documentaire à la grosse organisation américaine pour laquelle ils travaillaient, on leur dit que c'était bon, mais que deux messes, pour une projection de trente minutes, c'était tout de même un peu trop pour un public américain !

« Supprimez-en une !

— Non, vous prenez le film tel qu'il est, ou vous ne le prenez pas : les deux messes, c'est ce qu'il y a de mieux ! »

Ils le prirent.

12

Father John

« *Quo vadis ?* » Nous connaissons tous cette belle histoire de saint Pierre fuyant de Rome sous les persécutions de Néron, et Jésus lui apparaissant sur la via Appia : « *Quo vadis ?* », « Où vas-tu ? » Et Pierre, sur cette seule parole de Jésus, retournant à Rome, où il fut crucifié.

« *Quo vadis ?* » C'était l'une des phrases favorites de mon vieil ami John. Il répondait à la question du Seigneur par une autre question : « Seigneur, où voulez-vous que j'aille ? » Toute sa vie, il suivit le Seigneur. Cela le conduisit jusqu'à Lhassa.

C’est à Phanat Nikhom, le camp de transit pour les réfugiés du Sud-Est asiatique, à quelque cent kilomètres de Bangkok, que je fis la connaissance de John, et ce fut le début d’une amitié profonde qui ne cessa de grandir. Nous étions sans doute les premiers, avec nos deux frères indiens, Noël et Paul, à répondre à l’appel du père Arrupe, en faveur des réfugiés. En fait, le Jesuit Refugees Service (JRS), ce corps d’élite composé seulement de volontaires, ne fut officiellement inauguré que quelques mois plus tard, après notre arrivée en Thaïlande.

Les règlements des Nations unies ne nous autorisaient pas à vivre dans le camp. On nous logea donc dans une misérable petite chambre, pas loin du camp et à proximité d’une grosse porcherie, pleine d’odeurs et de grognements de porcs – bien pire que le camp ! C’est là, dans cet endroit de misère, qu’un soir, après une journée à nettoyer les poubelles du camp, j'entendis la voix profonde de John dans son demi-sommeil, « *I've never been so happy in my life !* », « Je n'ai jamais été si heureux dans ma vie ! » C'est la première phrase de lui dont je me souviens.

C'était un grand Américain, aux larges épaules, aux yeux bleus et aux cheveux en brosse, un homme grand et fort, avec toujours un sourire d'accueil et une forte poignée de main qui faisait mal. C'était surtout un homme au cœur d'or. Je crois que tous ceux qui l'ont connu l'ont aimé. Il avait rêvé, dans sa jeunesse, de joindre les Marines et il gardait encore beaucoup d'admiration pour leur discipline et pour leur courage.

Nous nous sommes assez souvent disputés, surtout au début, sur des choses sans importance, comme des frères. Mais notre amitié n'a cessé de s'approfondir jusqu'à nous rendre presque inséparables. Si bien que lorsque notre mission arriva à sa fin et que la magnifique équipe indienne avec laquelle nous étions venus retourna en Inde, en mars 1981, nous décidâmes tous les deux de rester, dans l'espoir de pouvoir aller travailler dans les grands camps de frontière, à trois cents kilomètres à l'est de Bangkok. Mais pour cela, il nous fallait des autorisations spéciales que nous ne pouvions obtenir que du père général. Nous partîmes donc tous les deux, séparément, pour Rome, pour y voir le père Arrupe, lui dire l'expérience extraordinaire que nous avions vécue, et surtout notre grand désir de repartir pour une période indéterminée (qui dura douze ans !) pour cette frontière où les réfugiés ne cessaient d'arriver par grandes vagues, dans des conditions incroyables de dénuement et d'épuisement. À Rome, nous fûmes reçus magnifiquement par le père Arrupe et ses Assistants, qui nous gardèrent plus de deux heures. Tout se passa merveilleusement bien jusqu'au moment où nous présentâmes au père général le grand « projet » que nous avions préparé avant de quitter Bangkok ! Nous avions passé toute une nuit, dans le hall du Dusitani Hotel, avec deux autres amis, à mettre au point le projet d'une « université de la frontière », que nous avions longuement discuté ensemble, John et moi : un grand rêve, sans doute un peu fou, mais que nous pensions réalisable, et de grande importance pour les camps où s'entassaient des centaines de milliers de réfugiés – dont plus de la moitié n'avaient que vingt ans. L'éducation de cette jeunesse nous paraissait capitale. Nous avions tout prévu, mais il fallait finaliser le « texte fondamental » de cette université, ce que nous avions fait, dans ce grand hall d'hôtel, avant de quitter Bangkok pour Rome. Nous avions aussi prévu les deux universités qui seraient nos sponsors : la

Sorbonne et Oxford, ainsi que nos deux « patrons » : la princesse Grace de Monaco, et le prince Philip d'Angleterre ! – et l'une des tâches que l'on m'avait confiées était de rencontrer ces deux augustes personnes !

Le père Arrupe nous écouta avec beaucoup de patience et de bonté, mais il nous dit, avec un bon sourire, un peu ironique : « C'est très bien, tout cela, mais peut-être serait-il mieux, je pense, de commencer par des écoles primaires ! » Ce que nous fîmes dès notre retour dans les camps.

Cela n'empêcha pas le projet initial de se réaliser peu à peu, par petites tranches, année après année. Car un grand rêve, porté par un grand amour, se réalise toujours, d'une façon ou d'une autre. Les Nations unies (UNBRO : United Nations Border Relief Operation) nous avaient confié la grosse responsabilité de l'éducation dans le grand camp de Site II. À côté des écoles primaires, dont s'occupa magnifiquement le SIPAR, petit organisme français lancé par Mme Petitmangin, on vit monter cinq écoles secondaires, des écoles techniques, et des instituts de toute sorte : les Beaux-Arts, avec Véronique Decrop, la petite école polytechnique de Kec Lundi, avec de jeunes ingénieurs de Polytechnique et d'ailleurs – Gilles, Thomas, Alain –, ainsi qu'une petite ENA et un *college* de droit (Law College) et formation de juges, sous la direction du neveu du père John, John Bingham junior. Mais ce qui se rapprocha le plus du niveau universitaire, ce fut notre institut MBA, de *business administration* : les étudiants qui en sortaient avaient droit à des crédits, valables pour une grande université américaine de Philadelphie ! « L'université de la frontière » commençait à sortir de terre !

Il faut dire que nous avions une magnifique équipe de quarante volontaires, de seize nationalités différentes – le *great team*, comme nous l'appelions –, avec des personnes remarquables comme sœur Ath, cambodgienne, le père Alfonso, espagnol, le père Vincent, de Belgique, et même, pour près d'un an, une princesse autrichienne, Kinga de Habsbourg.

John était adoré des Khmers (il ne disait jamais Cambodgiens), qui l'admiraient pour son grand courage. Je me rappelle l'avoir vu se promener sous les bombardements à Ampil comme si rien ne se passait ! Je me suis toujours senti en grande sécurité avec lui, car je savais que si quelque chose m'arrivait, il se serait débrouillé pour m'attraper un hélicoptère, pour me tirer d'affaire !

Il voyait toujours grand. Rien pour lui n'était petit. Tout était « fantastique ». En route, un jour pour New York, il s'arrêta à Paris pour y voir une douzaine de vieux amis khmers qu'il avait connus (et aidés) dans les camps… Il les emmena à la tour Eiffel, « aussi haut qu'on peut monter », et avait même pensé, me dit-on, à louer pour eux un bateau-mouche, un bateau-mouche pour douze personnes ! Pour John, on ne pouvait jamais faire assez grand, assez beau, pour les réfugiés.

Lorsque le grand camp de Site II ferma en 1993, nous étions là tous les deux, avec une grande amie du SIPAR, Olivia, pour saluer le dernier convoi, de quelque cent autobus et camions qui ramenaient, dans un Cambodge encore en guerre, les derniers 4 000 ou 5 000 réfugiés khmers chez eux… le retour de la Grande Armée, le passage de la Berezina ! Ils avaient tous les larmes aux yeux. Et nous aussi.

Après la fermeture des camps du Sud-Ouest asiatique, nous demandâmes à être affectés à Sarajevo. Ce qui ne nous fut pas accordé. Nous ne parlions pas l'allemand. En fait, ce n'était pas nécessaire.

John rentra donc en Inde, où il fit un travail magnifique d'évangélisation près de Kalimpong, dans le Sikkim, et je partis pour quelques mois pour des camps africains.

Après cela, nous ne nous sommes revus que trois fois. Une première fois, brièvement, à l'aéroport de Calcutta. Je partais pour des réunions à Phnom Penh. Il vint me voir de Darjeeling.

« Peter, il faut arroser ça ! » Nous nous retrouvâmes dans le restaurant de l'aéroport, et d'une voix de stentor, il appela le garçon :

« *Boy, a Magnum* (deux litres de vin) !

— John, nous ne sommes que deux ! Un litre suffira ! »

Avec John, c'était toujours ainsi !

La deuxième fois, ce fut en France, à

cent ou deux cents kilomètres de Paris, pour le mariage de John Bingham junior – ce neveu dont il se sentait si proche, et qui avait longtemps travaillé avec nous sur la frontière – avec Agnès Dupré-Latour, une jeune femme pleine d'amour, qu'il avait connue dans les camps.

Ce fut un très beau mariage, très émouvant, plein de souvenirs, avec de belles danses classiques khmères, et une magnifique homélie, dans un français plein de saveur, par le père John lui-même, si heureux de bénir ce jeune et si beau couple !

La dernière fois, ce fut à Lhassa, à Pâques 2000. Deux ou trois ans plus tôt, John, poussé par le Seigneur – comme toujours, *« Quo vadis ? »* –, était parti pour le Tibet où il avait d'abord lancé une petite librairie. Puis une boutique de tapis ! Tout cela pour assurer une présence eucharistique dans une ville où il n'y avait ni église ni prêtre. Il était, officiellement, *Mister* John Bingham, *Carpet Dealer* !

Que c'était émouvant pour moi de revoir cet homme de grande taille sous l'humble vocable de « marchand de tapis », et cela pour assurer la présence eucharistique sur le « Toit du monde ». Ça, c'était John.

En fait, c'est sur une Eucharistie que nous nous sommes quittés. Nous étions arrivés le samedi saint de Kathmandu avec un ami de John, après un vol féerique sur les Himalayas, en particulier sur l'Everest. John avait prévu pour nous des bouteilles d'oxygène, dont nous n'avions pas eu besoin.

Il m'avait réservé une petite chambre minable dans le vieux Lhassa.

En me quittant devant cet hôtel (il habitait ailleurs), il me dit : *« Take care, Peter, it is cold here. We go to bed with the boots on ! »*, « avec les souliers aux pieds ! »

Belle expression américaine que l'on applique aux soldats morts au champ d'honneur… morts debout, les souliers aux pieds !

Et c'est dans un autre petit hôtel, en face du Potala, qu'il avait réservé une autre chambre pour notre *pass-over*, notre repas pascal. Ce dimanche de Pâques 2000 fut extraordinaire. Cette Eucharistie offerte pour cet immense pays et ce très vieux peuple, face à la splendeur du Potala et des neiges éternelles… « La messe sur le monde ! »

Et plusieurs fois pendant la messe, John, qui ne perdait jamais le nord, nous soufflait : « Ne parlez pas si fort. *We are bugged*, nous sommes sur écoutes », nous rappelant ainsi l'omniprésence de l'immense Chine.

Il va y avoir bientôt deux ans que John nous a quittés. Il a été terrassé par une embolie alors qu'il travaillait à Francfort pour ses Tibétains, et s'apprêtait à reprendre la route de Lhassa. Il est mort « *the boots on* » comme un soldat sur le champ de bataille.

« *Quo vadis*, John ?
— Vers Toi, Seigneur. »

Ô seul maître du temps,
Jésus, tu nous conduis ;
Nous suivons tes chemins,
Nous cherchons ton visage.

Étrangers, pèlerins,
Toujours prêts à partir,
Nous portons nos regards
Vers le Jour et vers l'Heure.

Nous marchons sur tes pas,
Tu viens à nos devants ;
Dans le feu de la foi,
Nous guettons l'Invisible.

Hymne de la *Liturgie des heures*,
Office de none au Temps pascal

13

On verra ça plus tard !

Nous avions connu la pauvreté et l'angoisse des grands *slums* de Bombay et de Calcutta. Mais nos premiers jours dans les camps de Thaïlande nous firent découvrir des angoisses plus profondes ; l'angoisse et même parfois le désespoir des réfugiés qui ont tout perdu : leur foyer, leur famille, leur pays, tout, excepté leur dignité.

Le camp de Phanat Nikhom, où nous venions d'arriver, était un camp de transit, à une centaine de kilomètres de Bangkok, où s'entassaient les réfugiés déjà sélectionnés par les diverses ambassades. C'était la dernière étape, avant le départ pour un

« troisième pays », pour la préparation des passeports, papiers de voyage et visite médicale.

Ce matin-là, une Cambodgienne qui avait perdu son mari dans les camps des Khmers rouges avait été convoquée par l'ambassade américaine pour un dernier contrôle. Le jeune Américain qui faisait passer l'entretien était assis devant son ordinateur et posait à la femme les questions habituelles : « Quel est ton nom, ton lieu de naissance, ton âge, le nom de ton mari (décédé), etc. » Et chaque fois, il contrôlait sur son ordinateur si la réponse était correcte. Cinquième question :

« Combien as-tu d'enfants ?

— Quatre.

— Quatre ? Pourquoi mens-tu ? Tu n'en as que deux, menteuse *(liar)* !

La pauvre femme essaya de s'expliquer, à travers l'interprète :

— Oui, c'est vrai, j'en ai deux à moi.

Mais lorsque je me suis enfuie du camp des Khmers rouges, à travers la grande forêt, j'ai trouvé deux petits enfants perdus près d'un arbre, qui mangeaient des feuilles. Je les ai pris, avec les miens. Et avec force : Ce sont aussi mes enfants à moi ! Tous les quatre !

Le jeune Américain se radoucit :

— Ok ! Ok ! Je comprends... mais de toute façon tu ne peux pas partir demain. Nous avions prévu trois places pour toi et tes deux enfants. Vous êtes cinq maintenant. On verra plus tard... Au suivant !!! »

« On verra plus tard », cette phrase que les réfugiés connaissaient si bien... comme les calendes grecques, c'était fini.

La pauvre femme revint dans sa hutte, s'allongea sur sa natte, prit une paire de gros ciseaux, et se coupa la langue.

Le père John et moi, alertés, nous précipitâmes et emmenâmes la jeune femme à l'hôpital du camp, où elle mourut d'hémorragie deux heures plus tard.

Quel était le sens de ce geste de désespoir ? Voulait-elle se punir d'avoir menti, ou bien sa dignité de femme cambodgienne avait-elle été offensée, ou était-ce le simple désespoir d'avoir été rejetée ?... « *Rejected* », ce mot si courant dans les camps. Nous ne l'avons jamais su.

Mais il y a une chose que nous avons comprise ce jour-là, John et moi : à quel point il est facile de blesser profondément par des mots qu'ils ne comprennent pas des gens de culture différente...

« *You are a liar !* » Elle avait été insultée... Le jeune Américain n'était pas méchant, et ne voulait pas la blesser, mais il était trop dur et trop pressé.

J'ai vu des cas semblables dans d'autres ambassades.

Et comme c'est important d'approcher

avec beaucoup de respect et de tendresse des gens qui sont déjà blessés…

Et cela vaut, je crois, pour tous nos contacts avec les autres, car nous sommes tous, à différents degrés sans doute, des blessés.

Si tu détruis ce qui opprime l'homme,
Si tu relèves ton frère humilié,
La nuit de ton combat sera lumière de midi.

D après Isaïe 58
Texte : Michel Scouarnec
Musique : Jo Akepsimas

Interlude V

Le petit carnet noir

J'ai été reçu un jour, au Capitole, par un sénateur américain très connu en ce temps-là car une loi – ou un projet de loi – en faveur des réfugiés portait son nom. C'était un homme d'une cinquantaine d'années, peut-être un peu plus, très impressionnant.

Au cours d'une longue conversation dans le bureau qu'il occupait – une « suite » de deux ou trois grandes pièces très claires –, je lui citai, vraiment par hasard, une phrase du Mahatma Gandhi que j'aimais beaucoup. Il m'interrompit :

« Père, pourriez-vous me répéter cette phrase de Gandhi ? »

Je la lui répétai.

« *Please, Father*, excusez-moi une seconde. » Il se leva, alla dans la pièce d'à côté, qui communiquait par une grande porte ouverte. Je pouvais donc le suivre du regard. Il alla vers son manteau qu'il avait suspendu dans un coin, y prit un petit carnet noir et revint vers moi :

« Père, c'est un petit Évangile de saint Jean, que ma mère me donna lorsque j'avais onze ans, pour ma première communion ou ma confirmation [je ne me souviens plus… je crois qu'il était épiscopalien]. Il y a quelques pages blanches, à la fin du carnet, où j'écris parfois des phrases qui me frappent… Mais vous voyez, ajouta-t-il avec un sourire… Cela fait bien des années, et le carnet est tout petit. Il y a encore de la place. Auriez-vous la bonté de m'écrire cette phrase de Gandhi ?

— Avec grand plaisir. »

Et j'écrivis de mon mieux cette phrase

en anglais comme Gandhi l'avait prononcée :

« *Everything is difficult, but it can be done !* », « Tout est difficile, mais ça peut être fait ! »

Petite phrase apparemment très ordinaire avec des mots de tous les jours. C'était là, la force du Mahatma. L'indépendance de l'Inde contre la force britannique : c'était difficile, mais il l'avait fait ! Lutter contre l'intouchabilité : c'était difficile, mais il l'avait fait… C'est une phrase forte, qui vibre d'espérance, une phrase de quelques mots, qu'on n'oublie pas, comme tant d'autres phrases de Gandhi. Ainsi, à un journaliste américain qui lui demandait quel était son message, il répliqua : « Mon message, c'est ma vie, et ma vie, c'est mon message. »

Après avoir écrit, sur le petit carnet noir, la phrase de Gandhi, je regardai la phrase qui précédait. C'était une phrase, très courte aussi, de Mère Teresa ! Sur l'amour ! En deux lignes, il avait deux grands témoins, l'un sur l'Amour, et l'autre sur l'Espérance, et cela lui venait de l'Inde !

14

Amour et vie

C'est toujours une expérience profonde et enrichissante que de parler à des grands auditoires de jeunes, avides de connaissance et d'amour. Un courant passe, qui vous porte et vous fait dire des choses qui montent du plus profond de vous-même.

J'ai eu la joie d'être invité deux ou trois fois, à Genève, par la communauté Saint-Jean, pour des colloques de haute tenue intellectuelle et spirituelle. Je me souviens en particulier d'un forum sur « Amour et vie », il y a un ou deux ans. La salle était comble, mille cinq cents à deux mille étudiants venus de Suisse, de France et d'ailleurs. Je devais parler après M. Michelin mais, dès ma montée sur l'estrade, je me suis senti envahi par une immense angoisse : tout d'un coup, je ne me rappelais plus de quoi je devais parler. C'était le trou noir. M. Michelin venait de commencer son allocution. J'en profitai pour m'esquiver discrètement et me réfugier dans une salle voisine, pour me « remettre » dans le silence et la prière : « Seigneur, aide-moi, je ne sais plus que leur dire. » Des applaudissements signalèrent la fin du discours de M. Michelin et j'entendis mon nom. La tête complètement vide, je m'approchai du micro. J'ai sans doute bredouillé quelques instants, et puis c'est venu. Je ne sais pas ce que j'ai dit et comment je l'ai dit. Ça ne venait pas de moi. J'étais visiblement porté par tous ces jeunes qui m'écoutaient, par la densité du silence de la salle. Je me souviens seulement d'avoir parlé une grosse heure, sur des choses qui me paraissent essentielles, et dont les jeunes ont tellement besoin : « Quel est le sens de nos vies ? Que cherchons-nous ? Pour quoi sommes-nous faits ? »

Selon la « méthode négative », assez caractéristique de l'Inde, je commençai par leur dire ce pour quoi nous ne sommes pas faits : « pas ça, pas ça », « *Na iti, na iti – néti, néti* » ! Lorsqu'on contemple le ciel étoilé et que l'on cherche l'étoile polaire, on montre différentes étoiles, en disant « *Néti, néti !* », jusqu'à ce qu'on la trouve.

« Sommes-nous faits pour étudier ? Sûrement pas ! Bien sûr, il faut étudier, mais nous ne sommes pas *faits* pour ça. Sinon il faudrait que tous étudient tout le temps ! »

« Sommes-nous faits pour passer des examens ? Sûrement pas ! Il faut le faire, mais nous ne sommes pas *faits* pour passer des examens ! »

« Sommes-nous faits pour fonder un foyer, avoir un métier ? Sûrement pas ! Il faut le faire, mais nous ne sommes pas *faits* pour ça ! »

« Pour vieillir et pour mourir ? Sûrement pas ! Nous ne sommes pas *faits* pour ça ! »

Alors, pour quoi sommes-nous faits ?

Dans une phrase d'une densité incroyable, saint Jean nous le dit : Nous sommes faits pour voir Dieu, et le voyant tel qu'Il est, lui devenir semblable. Quelle destinée extraordinaire ! Voir Dieu face à face et devenir comme Lui ! Comme l'a toujours affirmé la grande tradition chrétienne, nous sommes faits pour Dieu, et Lui seul peut nous satisfaire. Lui seul peut nous « combler ». Nous sommes des « vides », des « creux », des « capacités » de Dieu ! *« Capax Dei »*, comme disaient les Pères de l'Église. Et nous serons toujours insatisfaits, dit saint Augustin, tant que nous ne Le verrons pas. Il est la Beauté infinie et l'Amour infini, et c'est pour cela que nous sommes faits. C'est ce que nous ne cessons de chercher. Nos vies sont une marche sur les traces de Dieu, à la recherche de Dieu. Tout est reflet de Dieu, et à travers ces reflets, c'est Lui que nous cherchons. « Je cherche le visage, le Visage du Seigneur »... Comme je l'ai souvent dit, c'est pour cela qu'un jour j'ai quitté la France – car comme tout le monde, qu'on le sache ou non, moi aussi je suis à la recherche du Seigneur et, avec tous les psaumes, je lui demande de me montrer Sa face.

Et c'est parce que nous cherchons Dieu et que nous ne le trouvons pas (« Voir Dieu et mourir »), que nous ne cessons de courir sur ses traces, sur ses empreintes, par l'intelligence et par l'amour. Comme le dit magnifiquement Blondel dans un livre, *L'Action*, qui m'avait passionné lorsque j'étais étudiant.

Un des plus anciens livres sacrés de l'Inde, les *Upanishads*, exprime de façon saisissante que tout ce qui est grand et beau dans le monde n'est que le reflet de Dieu.

« Tam éva Bhàntam, anubhâti sarvam », « Dieu seul brillant, tout brille à cause de Lui, en participation de Lui… »

Et à travers ces reflets, c'est Lui que nous cherchons.

Un de mes plus anciens souvenirs de ma vie en Inde, dans les années 1940 – si ancien que j'hésite à le mentionner, par peur de ne plus savoir distinguer ce qui est réalité de ce qui est rêve… –, c'est la grande salle commune de l'hôpital des maladies tropicales, à Calcutta. Nous étions quelques bonnes centaines, les uns sur les lits (c'était mon cas), les autres sur des nattes, à ras du sol, entre deux lits… Il y avait tellement de monde et si peu de place ! Sur une natte, au pied de mon lit, un jeune Indien, de dix-sept ou dix-huit ans, mon ami Raju, se mourait de tuberculose, ce « T.B. » qui attaque surtout les pauvres. Le docteur et l'infirmière étaient passés le matin, et j'avais cru comprendre – ils parlaient en bengalais – que c'était la fin pour lui. Vers trois ou quatre heures de l'après-midi, Raju me fit signe et me demanda d'une voix très faible s'il allait bientôt avoir le *Dharshan*, la vision de Dieu. Et sans trop y réfléchir et peut-être poussé par l'Esprit, je crois me souvenir lui avoir dit : « Oui, Raju, avant qu'il fasse nuit, ce soir, tu auras le *Dharshan*, tu verras Dieu. » Il mourut deux ou trois heures plus tard, autant que je me rappelle avec le sourire. J'ai toujours été convaincu qu'il était monté tout droit dans le sein d'Abraham, comme le pauvre Lazare dont parle le Seigneur dans l'Évangile.

Toutes ces considérations peuvent nous paraître bien compliquées et bien éloignées de la vie de tous les jours. Et pourtant, rien n'en est plus près : elles nous donnent un nouveau regard sur l'homme, sa grandeur, cet être extraordinaire que Dieu seul peut satisfaire, cette capacité de l'Infini ; et cela est vrai du plus petit et du plus misérable de ceux que nous rencontrons tous les jours. Comme mon ami Raju, ils verront un jour Dieu face à face et lui deviendront semblables. Comme on comprend alors le geste de Paul VI s'agenouillant devant un lépreux, lors du grand Congrès eucharistique de Bombay en 1964.

Quelle nouvelle vision du monde, qui est reflet de Dieu, où Dieu habite et où il s'est incarné – « le monde, une machine à faire des dieux » ! (Bergson, *Évolution créatrice*).

15

L'amour plus fort que la mort

Nous avons tous connu des hommes et des femmes prêts à donner leur vie pour les autres. Les plus âgés parmi nous se souviennent des heures sombres de la dernière guerre, heures illuminées par des éclairs d'amour.

Lors d'un de mes derniers voyages en France, j'ai voulu monter sur le plateau du Vercors où certains de mes amis, comme le père de Montcheuil, avaient fait don de leur vie pour des êtres aimés. J'ai voulu aussi monter jusqu'à Verdun où mon père avait vécu dans des tranchées impossibles durant la Première Guerre mondiale. Il suffit de monter sur les hauteurs de

Douaumont ou sur le plateau du Vercors pour comprendre que l'amour est plus fort que la mort.

Combien de personnes, parfois très ordinaires – des gens qui croient, des gens qui n'y croient pas –, ont exposé leur vie dans les années 1940 pour sauver un Juif aux abois ou un résistant parachuté du ciel. Beaucoup d'entre eux n'avaient pas conscience de faire des gestes héroïques. Mais l'amour est plus fort que la mort.

C'est ce que je vis moi-même tous les jours, ici, dans nos pays du Sud – pays du soleil sans doute et de la beauté, mais aussi et surtout pays de la faim et pays de la mort. En Inde, dans cette grande ville de Madras qui augmente de façon démesurée et où les bidonvilles se multiplient, je connais de nombreuses et pauvres femmes qui vivent tous les jours, sans le savoir, la réalité de cette phrase si simple qui en dit tant sur le cœur de l'homme : l'amour est plus fort que la mort.

Je connais des femmes, toutes maigres, toutes pauvres et encore pourtant toutes belles qui vont d'hôpital en hôpital pour vendre dans les *blood banks* un peu de leur sang – elles en ont si peu, les pauvres – pour acheter un peu de lait – elles n'en ont plus – pour leurs enfants malades. Elles vivent sans le savoir que l'amour est plus fort que la mort.

Car l'amour, c'est la substance même de nos vies, c'est ce que nous tous nous cherchons car nous sommes faits pour aimer. L'amour seul peut transfigurer nos vies et les illuminer.

J'ai reçu récemment une très belle lettre d'une jeune Française admirable, volontaire en Inde dans une ONG qui s'occupe de l'enfance en détresse. Elle me racontait dans sa lettre le magnifique travail qui s'y faisait, mais les dernières lignes m'ont surpris : « En dépit de tout cela, me disait-elle, je n'ai pas trouvé ici ce que je cherchais, et je ne voudrais pas quitter l'Inde sur l'impression d'un échec. » Échec ? Que ce mot est dur ! Elle vint me voir et je lui conseillai d'aller passer quelques jours dans un de nos villages d'enfants au sud de Madras. Elle en revint radieuse une ou deux semaines plus tard : « J'ai trouvé ce que je cherchais ! » s'exclama-t-elle. Et elle ajouta ce mot que les jeunes filles de son âge n'osent pas trop prononcer quoiqu'elles en vivent : « J'y ai trouvé l'amour. »

C'est ce que nous cherchons tous, l'amour qui transfigure nos vies et qui triomphe de la mort. « Tout mon exercice est d'aimer », disait saint Jean de la Croix.

Interlude VI

Fins de voyage

En 1969, mourait à Madras Anna Dorai, Premier ministre du Pays tamoul, homme d'origine pauvre, éminent orateur et grand écrivain, immensément populaire parmi les foules tamoules. Il m'avait toujours reçu avec une très grande courtoisie.

Son enterrement fut un triomphe, cité dans le livre Guinness des records comme étant le plus grand enterrement du monde : il réunit plus de trois millions de personnes. Ils étaient venus de tout le Pays tamoul, par trains, bus, camions, charrettes à bœufs, vélos, et à pied. Les rues de Madras étaient des rivières humaines, en particulier la grande rue transversale, Mount Road, qui porte aujourd'hui son nom : *Anna Salai*, « la rue d'Anna ».

Grâce à deux officiers de police que je connaissais, je pus parvenir jusqu'à sa tombe, où priaient déjà quatre Petites Sœurs des Pauvres, qu'il avait sans doute aidées.

C'est à lui que nous devons cette magnifique phrase tamoule de quatre mots, que j'ai si souvent citée dans mes conférences : *« Yéleiyin Siripil Ireivennei cambômme »*, « C'est dans le sourire des pauvres que nous verrons Dieu. »

C'est pour le remercier d'avoir écrit cette phrase que j'ai voulu lui rendre hommage par ces quelques lignes.

Mais c'est surtout d'un autre enterrement que je voudrais parler, le plus petit enterrement que j'aie jamais vu : ils étaient trois en tout, deux vivants et un mort.

C'était dans une grande et belle rue ombragée qui conduit au College Loyola à Madras, et qui s'appelle – terrible ironie ce jour-là – Sterling Road.

Un grand jeune homme d'une trentaine d'années portait dans ses bras, comme une offrande à Dieu, le corps de son bébé qui venait de mourir. Il était sans doute trop pauvre pour avoir pu acheter, non pas un petit cercueil, ça coûte trop cher, mais du moins une boîte de carton ou de bois. Trop pauvre aussi pour faire appel à un tricycle pour y déposer le corps de son enfant. Et derrière lui, comme seul cortège, suivait la jeune maman, avec une fleur à la main. Tout le monde s'arrêtait sur la route, en silence. C'était d'une grandeur impressionnante, la grande dignité des pauvres, dont parlait Bossuet : « Dans le monde, les riches ont tout l'avantage et tiennent les premiers rangs : dans le royaume de Jésus-Christ, la prééminence appartient aux pauvres, qui sont les premiers-nés de l'Église et ses véritables enfants » (sermon sur l'éminente dignité des pauvres dans l'Église, 1659).

C'est sans doute au Cambodge que j'ai assisté à l'enterrement ou plutôt à la crémation qui m'a le plus ému. Dix jeunes Cambodgiennes qui fuyaient de chez elles avaient sauté sur une mine antichar, juste après avoir passé la frontière, non loin d'un camp où nous travaillions alors, le père John et moi. Lorsque nous arrivâmes à l'endroit, neuf d'entre elles étaient déjà mortes. La dernière était encore en vie, avec de grandes blessures, telles des blessures de baïonnette.

Nous la prîmes dans notre petit dispensaire de frontière où elle mourut, quelques heures plus tard. Nous apprîmes que c'était une maman de cinq enfants.

La crémation de ces dix femmes, toutes mères de famille, fut fixée pour le lendemain 8 heures par les autorités cambodgiennes du camp – cela pour nous donner le temps, au père John et à moi, d'arriver d'Aranyaprathet, la petite ville frontière à 80 kilomètres de là, où nous logions. Ils nous avaient en effet invités et nous avaient dit qu'ils n'allumeraient pas les bûchers avant que nous n'arrivions.

Nous étions donc là, le lendemain, à 8 heures précises. Dans une grande clairière de la forêt cambodgienne toute proche de la frontière, ils avaient bâti dix grands bûchers de trois ou quatre mètres de haut, avec des troncs d'arbres et de grosses branches coupées par les bombardements précédents. Sur chaque bûcher, le corps d'une femme avec, autour, ses enfants et parents proches. À un signal donné, les enfants mâles les plus âgés allumèrent le bûcher sur lequel reposait le corps de leur maman. C'était impressionnant.

Nous restâmes là, longuement, le père John et moi, avec les enfants et leurs familles, à voir monter ces flammes et à voir rougir ces braises, jusqu'à ce que ce soient des cendres. Nous ne faisions rien. Nous étions simplement avec eux.

Et puis, nous prîmes en charge les petits orphelins. Ils étaient une cinquantaine.

16

The Power and the Glory

On m'a demandé un jour à la radio : « Quelle est votre sainte préférée, et pourquoi ?

— Marie-Madeleine, parce qu'elle a beaucoup aimé, ai-je répondu spontanément.

— Et votre prière préférée, et pourquoi ?

— La messe, et pour la même raison : l'Eucharistie, c'est le mystère de l'Amour. »

Le récit de la dernière Cène dans saint Jean est particulièrement émouvant. « Avant la fête de la Pâque, Jésus, sachant que son heure était venue de passer de ce monde vers le Père, ayant aimé les siens qui étaient dans le monde, les aima jusqu'à la fin » (Jn 13, 1). Deux petites notes intéressantes accompagnent ce texte, dans la Bible de Jérusalem :

« 1. Pour la première fois Jean met explicitement la vie et la mort de Jésus sous le signe de son amour pour les siens.

2. Jusqu'à la fin : jusqu'à l'extrémité de l'amour. »

Et que fit-il, ce soir-là, qui était le jour de la célébration de la grande fête de la Pâque et aussi la dernière soirée qu'il passait avec ses disciples ? Il fit deux choses que nous avons peut-être un peu trop tendance à séparer dans nos liturgies. Il fit d'abord cette démarche extraordinaire d'humilité et d'amour : il s'agenouilla devant chacun de ses disciples, y compris Judas qui venait de le trahir pour trente pièces d'argent, et leur lava les pieds. Le seul lavement des pieds par Jésus rapporté dans les Évangiles, et cela par saint Jean seul. Et c'est seulement après cela qu'il s'assit au milieu d'eux et partagea avec eux le grand repas de la Pâque, en souvenir du passage de Yahvé sur son peuple, de la sortie d'Égypte et du passage de la mer Rouge. C'était son passage à lui de ce monde à son père.

Il y a dans tout ce récit, depuis le lavement des pieds jusqu'au départ pour Gethsémani, une immense émotion et une tendresse infinie : « Mes petits enfants... vous êtes mes amis... demeurez dans mon amour » (discours des adieux). Tendresse mais aussi angoisse : « Jésus fut troublé en son esprit et il attesta : "En vérité, en vérité, je vous le dis, l'un de vous me livrera." [...] Trempant alors la bouchée, il la prend et la donne à Judas. [...] Après la bouchée, alors Satan entra en lui [...] Aussitôt la bouchée prise, il sortit ; il faisait nuit » (Jn 13, 21.26.27.30). Cette mention de Satan, ce départ dans la nuit nous préparent déjà à l'agonie dans le Jardin.

Nous aimerions retrouver un peu de cette tendresse et de cette émotion dans nos messes quotidiennes, qui continuent, reprennent et « représentent » – au sens fort de rendre présent – cette dernière cène, et qui sont souvent, hélas, si sèches, si stéréotypées et si rapides, comme les trois messes de Noël d'Alphonse Daudet ! Je sais très bien que ce n'est guère possible de faire autrement, mais peut-être qu'une allusion au lavement des pieds pourrait trouver place, de temps en temps, dans le « rite pénitentiel » au début de la célébration : Jésus qui nous lave de nos fautes.

Devant la grandeur extraordinaire de ce mystère de l'Amour qu'est l'Eucharistie, comme l'on comprend la petite demande que Mère Teresa « affichait » dans les sacristies de ses chapelles en Inde, à l'adresse du prêtre qui venait célébrer : « Père, je vous demanderais d'offrir cette messe comme si c'était votre première messe, votre dernière messe, votre seule messe. »

Lavement des pieds, institution de l'Eucharistie. Le Seigneur fit ce soir-là une troisième chose étonnante : il donna à ses disciples le pouvoir de faire ce qu'il venait de faire : « Faites ceci en mémoire de moi. » Il faisait de ces pauvres hommes, qui allaient le trahir et l'abandonner, des prêtres comme lui. Il leur donnait le pouvoir extraordinaire de transformer le pain en son corps et le vin en son sang. Et c'est pour cela que le jeudi saint est célébré dans l'Église comme la fête des prêtres. Il le leur avait déjà dit, sur les routes de Galilée, qu'ils feraient un jour des miracles comme lui, et même de plus grands miracles. Il tenait sa promesse. En effet, quel miracle est-il le plus grand : transformer de l'eau en vin, comme il le fit à Cana, ou transformer du pain en son corps et du vin en son sang, comme le font tous les jours des milliers de prêtres partout dans le monde ?

« Faites ceci en mémoire de moi. » Que pourrions-nous faire de plus grand ? Et comme il me semble important de retrouver dans un monde qui se matérialise le sens et la force de l'Eucharistie, cette présence d'Amour qui purifie et transforme cet univers, cette matière dans laquelle le Verbe de Dieu s'est incarné.

Et quelques jours plus tard, après la Résurrection, il leur donnait le pouvoir divin de pardonner les péchés : « Il souffla sur eux et leur dit : "Recevez l'Esprit-Saint. Ceux à qui vous remettrez les péchés, ils leur seront remis ; ceux à qui vous les retiendrez, ils leur seront retenus" » (Jn 20, 22-23).

Le pouvoir de consacrer le pain et le vin et celui de pardonner les péchés du monde, c'est cela qui constitue l'éminente dignité du prêtre. Être prêtre de Jésus-Christ : que peut-il y avoir de plus grand dans le monde ? Quelle « vocation » extraordinaire, et comme l'on comprend l'émotion et l'humble fierté du père Teilhard de Chardin dans les premières lignes de *La Messe sur le monde* : « Je m'élèverai par-dessus les symboles jusqu'à la pure majesté du Réel, et je vous offrirai, moi votre prêtre, sur l'autel de la Terre entière, le travail et la peine du Monde. »

« Je vous offrirai, moi votre prêtre » ! Que pourrait-il y avoir de plus grand ? En dépit de toutes nos misères, pauvretés, trahisons, turpitudes… *moi, votre prêtre*… pauvres hommes que nous sommes…

Et c'est pour cela que j'ai choisi comme titre de ce chapitre – qui voudrait exprimer ce qu'il y a de plus profond en moi – celui du grand roman de Graham Greene *The Power and the Glory*, *La Puissance et la Gloire*, ce livre qui m'a bouleversé lorsque je me préparais à mon ordination à la prêtrise, il y a bien des années, dans les neiges des Himalayas.

Très brièvement, c'est l'histoire d'un prêtre débauché, dans un Mexique divisé par les guerres civiles, mais qui reste conscient de sa mission de prêtre et du pouvoir de sa prêtrise. Il a sans doute perdu la « gloire » et la dignité de sa prêtrise, mais il en conserve le « pouvoir » et continue à l'exercer, au péril de sa vie. Le pouvoir de rompre le pain et de pardonner les crimes du monde.

Et c'est ce pouvoir extraordinaire que j'ai un jour senti en moi avec beaucoup d'émotion, lors d'une traversée de l'océan Indien. C'était en décembre 1949, quelque part entre Port-Saïd et Colombo, quelque part entre le ciel et la mer. Le bateau était plein de soldats de la Légion étrangère qui partaient pour Saïgon, car nous étions encore en pleine guerre d'Indochine. C'était la veille de Noël, et je crois avoir été le seul prêtre à bord. Le commandant de la Légion vint me trouver et me demanda avec beaucoup de politesse et de courtoisie si je voulais bien monter sur le pont et écouter les confessions de ses légionnaires, si du moins certains d'entre eux désiraient « faire la paix avec Dieu » avant de monter au front.

Je me suis assis quelque part sur le pont, et pendant deux ou trois bonnes heures, j'écoutai ces hommes réputés pour leur bravoure, mais aussi pour la variété parfois tragique d'une vie qui restait leur secret. Ils venaient, l'un après l'autre, s'agenouiller près de la chaise où je me trouvais. Ils me parlaient avec la franchise des légionnaires. Je les écoutai, très ému – j'étais encore un très jeune prêtre, et je leur donnai à chacun de grandes et belles absolutions, avec toute la ferveur de ma jeune prêtrise, « pour toutes les fautes de la vie passée » !

« Moi, prêtre de Jésus-Christ, je te pardonne, en Son nom, tous tes péchés ! » Et se relevant, chacun me donnait une forte poignée de main, avec un « Merci, père » !

Lorsque j'allai à l'autel – une simple table de bois – et commençai, sous un ciel plein d'étoiles, la messe de minuit, la main droite me faisait mal, mais mon cœur était en fête. Je n'avais jamais senti à ce point la grandeur immense du prêtre – ce pauvre homme, pauvre type qui, si misérable soit-il, peut effacer au nom de Dieu, en quelques mots tout simples, tous les crimes du monde. « Va en paix, tes péchés te sont remis. »

Je ne pense pas qu'on puisse être appelé à un plus haut service que celui d'être prêtre de Jésus-Christ : celui de bénir, de consacrer, de pardonner, en Son nom et par son pouvoir à Lui.

Et c'est par une prière, Seigneur, que j'aimerais terminer ce long chapitre de ce troisième et dernier petit livre que Vous m'avez donné la joie d'écrire, pour Vous remercier de tout mon cœur de m'avoir appelé à être Votre prêtre et Votre compagnon, et aussi, selon ma pauvre petite mesure, le témoin de Votre Amour.

17

« À l'ombre des vieux murs »

« À l'ombre des vieux murs où flotte
ta bannière [...]
Joseph, Joseph, nous sommes tes enfants,
Nous sommes tes enfants ! »

Quel est l'ancien de Sarlat qui ne vibrerait pas en entendant ce vieux chant que nous chantions (hurlions !) les jours de fête dans ce grand collège Saint-Joseph dont les murs austères dominent la ville de Sarlat ?

J'y ai passé quatre années profondément heureuses, qui marquèrent ma vie pour toujours. J'arrivais de la douceur et de la tendresse d'une famille nombreuse et très unie. Nous vivions très heureux, entre nous, frères et sœur, « à la maison », comme nous disions alors. Ce départ pour Sarlat, mon premier départ de la famille, fut un déchirement. J'avais juste treize ans, et je tombais, tout jeune et tout timide, dans le milieu bruyant et quelque peu agressif des pensionnaires de la « division des Moyens », qui comprenait la troisième et la seconde (« les humanités »). Les premiers jours furent durs, mais très vite je me fis des amis, et je découvris cette très belle chose que je ne connaissais pas encore, l'Amitié, ce sentiment très fort qui n'est ni relation de frère à frère ni relation entre amoureux, mais qui, d'une certaine façon, complète ces deux relations, fait le charme de la vie, et apporte un grand soutien dans les moments durs. L'Évangile de saint Jean nous rapporte que la veille de sa mort, sur le chemin de Gethsémani, dans un des moments les plus angoissés de sa vie, Jésus appelle ses disciples « mes amis » et donne ainsi à l'amitié comme une auréole nouvelle : « Je ne vous appelle plus serviteurs, parce que le serviteur ne sait pas ce que fait son maître ; mais je vous ai appelés amis, parce que je vous ai fait connaître tout ce que j'ai appris de mon Père » (Jn 15, 15).

J'ai eu à Sarlat d'excellents amis, des jeunes merveilleux comme Régis Bergeron, Olivier d'Horrer, André Lafage, Pierre de Chataigner, Jean Coste, Castelbajac, d'Armagnac et tant d'autres, qui nous ont presque tous quittés… C'est encore avec beaucoup de nostalgie que je songe à eux tous et les porte dans ma prière.

J'appris à Sarlat une autre chose, plus importante encore : pour employer le titre d'un petit livre très courageux récemment paru, j'y appris mon *« métier d'homme »* : une discipline de vie, l'amour du travail, le respect des autres, des pauvres en particulier, le courage de faire des choix et de prendre des décisions. La vie, certes, n'était pas toujours facile dans ce pensionnat de cinq cents garçons venus de tous les coins de France, et le confort y était assez relatif. Les hivers étaient durs dans ce Périgord noir. Le collège n'était pas chauffé, et lorsque la cloche sonnait pour le réveil, à 5 h 30, il nous fallait souvent briser la glace dans nos cuvettes de métal. Mais cette vie fruste avait ses charmes et ses moments drôles, ses promenades à vélo jusqu'à Vitrac sur les bords de la Dordogne, où nous attendaient de bonnes omelettes juteuses. Des moments pittoresques aussi : je me rappelle ce voisin de dortoir se levant précipitamment durant une nuit particulièrement froide et murmurant : « Je parie que j'arriverai trop tard... » et revenant des toilettes quelques minutes plus tard, tout penaud : « J'ai gagné mon pari ! »

Mais tous ces petits inconvénients et manques de confort étaient très largement compensés par la qualité de l'éducation que nous recevions de ces religieux jésuites éminents qu'étaient nos professeurs, nos surveillants et nos maîtres à penser, des hommes remarquables et pourtant si proches de nous, « des hommes pour les autres », dont beaucoup passèrent des vies entières « à l'ombre des vieux murs », dans un Sarlat qui n'était pas encore devenu ce lieu de tourisme qu'il est aujourd'hui, des hommes dont on n'a jamais parlé, à l'exception peut-être de ce rude Lozérien, le père de Jabrun, qui fut notre professeur de mathématiques et mourut comme un saint à Dachau, et dont l'une des rues de Bordeaux porte aujourd'hui le nom. Mais les autres ? Ces prêtres merveilleux si proches de nous et que nous avons tant aimés, les pères Duvoisin, de Bigues – plus tard aumônier de la JAC –, Butel – plus tard aumônier de la mer –, Favre, mort missionnaire à Madagascar, et tant d'autres, et surtout le père de Puybaudet, le grand « Préfet des

Études » pour des générations d'anciens de Sarlat, cet homme de haute taille, au visage ascétique et au regard lumineux, qui faisait notre admiration et nous inspirait le respect… et la crainte de Dieu ! Il finit sa vie comme humble père spirituel de la « Division des Petits »…

C'est au contact de ces hommes qui avaient tout donné que j'appris la plus grande leçon de ma vie : que toute grande vie était faite d'amour et de don de soi. C'est grâce à eux, je pense, que se précisa et prit corps ce *rêve d'enfant* que j'avais fait quelques années plus tôt, avant de quitter la maison, et qui me conduisit doucement, étape par étape, jusqu'au noviciat de Mons, dans le Gers, et de là jusqu'à la route des Indes.

J'avais alors huit ou neuf ans. Notre institutrice, Mlle Aymé, nous avait demandé d'écrire une composition française : « Qu'aimeriez-vous faire, plus tard, lorsque vous serez grand ? » Un très beau sujet de composition, peut-être un peu vague, mais juste ce qu'il fallait pour nous permettre de rêver librement. Je ne me rappelle pas ce que j'ai écrit ce jour-là. En fait, je l'avais complètement oublié jusqu'au jour où je rencontrai de nouveau Mlle Aymé, vingt-cinq ans plus tard, lors de mon premier retour en France. Elle avait vieilli, mais elle n'avait pas oublié. Elle me rappela, avec un petit sourire plein d'émotion, ce que j'avais écrit vingt-cinq ans plus tôt, dans cette composition : j'essayais, paraît-il, de sauver quelqu'un qui se noyait, et c'est cela que je rêvais de faire plus tard, lorsque je serais plus grand ! Rêve d'enfant sans doute, mais lorsque j'y pense, maintenant, après tant d'années, comme j'aimerais avoir vécu ce rêve, en profondeur et en vérité, tout au long de ma vie : sauver des gens qui se noient ! Dieu seul sait. Mais ce que je sais, moi, c'est que c'est à Sarlat que ce rêve a grandi et a pris sa forme définitive. C'est à

Sarlat que je dois d'avoir trouvé la pierre précieuse que je cherchais, et le courage de tout laisser pour l'acquérir. Bien des années plus tard, je découvrirai, dans le livre d'or de la léproserie de Polambakkam, la belle phrase sanskrite qui exprime cela de façon lapidaire : « Tout ce qui n'est pas donné est perdu. »

J'aimerais terminer ce chapitre sur l'évocation d'un grand mystique un peu échevelé, moine bénédictin et sanyassi indien, que j'ai toujours regretté de ne pas avoir connu davantage : le père Henri Le Saux. L'un de ses grands amis, l'anglican Murray Rogers, disait de lui qu'il était habité par le désir de l'Absolu, et il ajoutait : « C'était un homme qui avait vu une étoile, et qui eut le courage de faire le grand saut pour la rejoindre. » Puissions-nous tous le faire, ce grand saut vers l'étoile, tout en gardant les pieds sur terre. Alors toutes nos petites actions, toutes les petites choses de tous les jours revêtiront la beauté de l'étoile et refléteront sa lumière. Tout sera grand et beau, tout dans nos vies deviendra symbole, signe et sacrement. Mais pour tout cela, il faut beaucoup d'Amour.

To dream the impossible dream,
To fight the unbeatable foe,
To bear with unbearable sorrow,
To run where the brave dare not go.

To right the unrightable wrong,
To love pure and chaste from afar,
To try when your arms are too weary,
To reach the unreachable star.

The Impossible Dream,
in *Man of La Mancha* (1965)
Paroles : Joe Darion
Musique : Mitch Leigh

C'est le moment crépusculaire.
J'admire, assis sous un portail,
Ce reste de jour dont s'éclaire
La dernière heure du travail.

Dans les terres, de nuit baignées,
Je contemple, ému, les haillons

D'un vieillard qui jette à poignées
La moisson future aux sillons.

Sa haute silhouette noire
Domine les profonds labours.
On sent à quel point il doit croire
À la fuite utile des jours.

Il marche dans la plaine immense,
Va, vient, lance la graine au loin,
Rouvre sa main, et recommence,
Et je médite, obscur témoin,

Pendant que, déployant ses voiles,
L'ombre, où se mêle une rumeur,
Semble élargir jusqu'aux étoiles
Le geste auguste du semeur.

Victor Hugo,
Saison des semailles. Le Soir

Conclusion

Bien finir

Il est sans doute important de bien commencer, que ce soit un jeu, une course, un travail ou une vie. Mais combien plus important est de bien finir !

C'est pour cela que j'aime tellement l'humble prière du père Teilhard de Chardin qui, après une vie si pleine, demande au Seigneur « la grâce des grâces », celle de *bien finir*.

Et je pense à tous ces saints, que j'aime tant, qui ont sans doute mal commencé – parfois très mal commencé ! –, mais qui ont fini leur vie en apothéose d'amour : Ignace de Loyola, Charles de Foucauld, Marie-Madeleine, le bon larron, et tant d'autres… Quel réconfort pour nous, qui souvent n'avons pas bien commencé, de savoir que nous pouvons, comme eux, bien finir ! Comme nous le rappelle une belle hymne du bréviaire pour le temps de carême : « Rien n'est trop loin pour Dieu, rien n'est perdu pour lui. Comme pour l'enfant prodigue, il nous attend de loin pour nous prendre dans ses bras et nous donner la grâce des grâces, celle de bien finir. »

Remerciements

Avant que Roissy n'existe, les avions au long cours partaient d'Orly, cet aéroport alors très familial. C'étaient encore des avions à hélice, qui portaient de beaux noms comme *Sky Masters* (« Maîtres du Ciel »), Constellation, Caravelle (comme les bateaux du temps de saint François-Xavier !). Avant que l'avion ne quitte le tarmac, les hôtesses de l'air se rangeaient des deux côtés de l'avion et, au moment du départ, lançaient aux passagers un dernier baiser d'adieu, un « au revoir » plein de courtoisie et de gentillesse, qui manque un peu aux départs d'aujourd'hui.

Je voudrais que ce petit livre, qui est le dernier que je me permets d'écrire, soit comme un baiser d'adieu à tous ceux et à toutes celles – et ils sont nombreux – qui m'ont accompagné et si souvent porté, tout au long de cette route qui a commencé il y a bien des années, dans un petit village de Corrèze, aux confins du Lot et de la Dordogne, et qui va se terminer, sans doute bientôt, dans ces grandes plaines inondées de soleil de cette Inde que j'ai tant aimée.

Je voudrais leur dire, à tous et à toutes, comme si ce livre était une lettre personnelle adressée à chacun et à chacune d'entre eux, combien je les ai aimés et combien je les remercie pour leur amour et pour toute l'aide qu'ils m'ont apportée.

C'est d'abord ma famille que je voudrais remercier. Cette famille forte et unie, avec sa belle tradition religieuse et missionnaire : papa avait sept sœurs religieuses, dont l'une est enterrée à Cuba. Il avait deux frères dont l'aîné, missionnaire en Inde, est enterré à Madurai. Par pudeur instinctive, caractéristique de la famille, je n'ai pratiquement jamais parlé de papa et de maman, à qui je dois le meilleur de ce que je suis, ni de mes frères et de ma sœur dont je me sens si proche. Nous ne sommes plus que quatre maintenant, mais nous faisons toujours « le carré » pour un dernier repas ensemble à chacun de mes départs.

Et avec eux, c'est ma grande famille de la Compagnie de Jésus, à qui je dois tant, que je voudrais remercier : des hommes grands et forts, libres et lumineux, des hommes « en mission », au service du Seigneur Jésus-Christ, qui portent la fière devise d'Ignace de Loyola et François de Xavier : « *Aimer et Servir* ».

Et avec ces deux familles, c'est la famille tellement plus vaste des milliers et milliers de personnes extraordinaires de générosité et d'humilité – leurs noms ne sont connus que du Seigneur – et que je regroupe sous ce nom un peu usé mais plein de sens de « bienfaiteurs » – c'est-à-dire des personnes qui m'ont fait du bien. Je voudrais dire à tous et à toutes, à ceux que j'ai la joie de connaître et à ceux que je ne connais pas encore, mon immense gratitude pour m'avoir aidé à étendre toujours davantage les espaces de l'amour. Sans eux, sans leur amour (car c'est bien de cela qu'il s'agit), je n'aurais rien pu faire.

C'est à eux tous que je dédie ce petit livre, comme un baiser et un adieu.

Mon dernier mot ne peut être que pour « Celui que mon cœur aime », le Seigneur Jésus-Christ. C'est lui seul que j'ai toujours cherché et que je cherche encore.

Mon âme a soif du Dieu vivant.
Quand le verrai-je face à face ?

Table

Préface 7
Avant-propos 13
Introduction : Nos racines sont en haut 15
Chapitre 1 - Le prix d'un miracle 19
Chapitre 2 - On s'arrangera.................. 27
Chapitre 3 - Porteurs de fardeaux 37
Interlude I - Histoires de taxis 45
Chapitre 4 - Bouton de rose 49
Chapitre 5 - Cherian Nagar 53
Chapitre 6 - Les mouchoirs de Cholet.. 61
Interlude II - Reçu par une reine 67
Chapitre 7 - Jeunesse sans frontières.... 69
Chapitre 8 - Les espaces de la charité
et de l'amour....................... 79
Chapitre 9 - Sans partage,
pas de IIIe millénaire 85

Interlude III - Toujours le même sari. .. 91
Chapitre 10 - Mère Teresa 95
Chapitre 11 - Messe sur la frontière 101
Interlude IV - Une messe de trop ! 107
Chapitre 12 - Father John.................... 111
Chapitre 13 - On verra ça plus tard ! ... 125
Interlude V - Le petit carnet noir 131
Chapitre 14 - Amour et vie.................. 135
Chapitre 15 - L'amour plus fort
que la mort 143
Interlude VI - Fins de voyage................ 147
Chapitre 16 - *The Power and the Glory* 153
Chapitre 17 - « À l'ombre des vieux murs » 163

Conclusion : Bien finir 173
Remerciements.................................. 175

Pour en savoir plus sur le père Ceyrac et son association,
vous pouvez consulter le site internet :

http://ceyrac.free.fr/

Seule l'*Association père Ceyrac* est habilitée à recevoir des dons au profit des actions engagées par ce dernier.

Association père Ceyrac
66, rue de l'Assomption
75016 Paris

Composé par Nord Compo
à Villeneuve-d'Ascq

Achevé d'imprimer par GGP Media GmbH, Pößneck
en août 2005
pour le compte de France Loisirs,
Paris

N° d'éditeur: 43394

Dépôt légal: juillet 2005

Imprimé en Allemagne